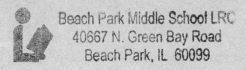
Meet the Jennifer Lopez only her closest friends know—

D0863665

- Which _____ _____ to become a performer . . .

- Which movie she watched more than 100 times as a kid . . .

- What sacrifice she made at age 18 to pursue her dream of becoming a performer . . .

- Which famous Latina star was Jennifer's boss (choreographer) on *In Living Color* . . .

- And much, much more . . .

ST. MARTIN'S PAPERBACKS TITLES
BY PATRICIA J. DUNCAN

Salma Hayek

Jennifer Lopez

Jennifer Lopez

PATRICIA J. DUNCAN

TRANSLATED FROM THE ENGLISH
BY FRANCHESKA FARINACCI

St. Martin's Paperbacks

JENNIFER LOPEZ

ISBN: 0-312-97085-4

Printed in the United States of America

St. Martin's Paperbacks edition/August 1999

10 9 8 7 6 5 4 3 2 1

Acknowledgments

I would like to acknowledge several people who were instrumental in seeing this project through to its completion.

Thanks to Matthew Shear, publisher of St. Martin's Paperbacks, for believing in the value of this bilingual series, and to editor Glenda Howard, for her energy invested in making it happen.

Thanks also to translator Francheska Farinacci and to my research assistant Katherin Schlenzig for their hard work.

Thanks to Mercedes Lamamie for her last-minute contributions.

And to my agent, Laura Dail—you are a pleasure to work for and with—thank you once again.

Contents

It was not until 1997, with the release of the movie *Selena*, that Jennifer Lopez became a household name. It seems hard to believe, since only two short years later she has become the hottest, most sought-after, and highest-paid Latina actress in Hollywood. Her natural beauty, talent, diligence and flirtatious sex appeal have landed her roles, magazine covers and endorsements that she only dreamed about as a young girl. But for all who knew Jennifer before her portrayal of Tejana singing sensation Selena, in the movie of the same name, she is no overnight success. She knew all along what she wanted, and after years of hard work she is finally getting what she has strived for: stardom, international recognition, and the luxury to be able to choose only the best opportunities that come her way, which are plentiful these days. She even finds it funny when she hears people describe her arrival on the Hollywood scene as an "overnight success." Having worked steadily since she was in high school, her fame can hardly be described as "sudden." What *is* new, however, is that the media is finally paying her the attention that she so well deserves. Rather than an overnight success, she is an example of the American dream realized.

An integral part of Jennifer Lopez's success lies in her perseverance and her refusal to be refused. Considering herself to be an actress, not exclusively a Latina actress, she defied the anti-Hispanic bias in Hollywood, and showed up at any and every audition she could, in an attempt to get directors to notice her.

"Since I began in this business," Lopez told *Vista* in its June 1998 edition, "I never thought of myself as a Latina actress, you think about being an actress. The fact that my career is now moving in that direction makes me very proud because if it weren't that way, I would feel very frustrated.''

Her positive attitude and belief in herself enabled her to cross the ethnic barrier, landing her roles that did not originally call for a Latina actress. In this way, she serves as an exceptional role model for the Latino community. She acknowledges that her success in breaking through the ethnic barrier may have been due, in part, to luck. She also knows, however that her confidence in her own acting talent, and her conviction in what she was doing are the primary reasons she is where she is today. In a business as competitive as acting, drive and ambition are great assets—if not prerequisites—for breaking into and succeeding in Hollywood. Lopez possesses both of these qualities, and they have enabled her to succeed where so many others have failed.

In addition to her gorgeous face, curvaceous body and sexy nature, what is most noticeable about Lopez, is her drive to succeed and to be noticed. This extreme ambition and competitive nature have truly paid off for Lopez, winning her roles with some of Hollywood's top leading men. But she is not content to sit back and rest on the fame that has recently come her way. In fact, she actually still does not think that she has "made it" at all. She points out that in the show business world, you can never predict the public's opinion or how it might change, but her drive helps her stay focused. This tenacity and desire to achieve greater and greater goals are fundamental to her success. Lopez has also admitted she would love to win an Oscar, and, at the rate she is going, that may not be too far off in her future.

As Jennifer Lopez soaks up the attention of more Hollywood film offers, magazine cover deals, product endorsements and all of the press that naturally accompanies this, she is not just sitting back and enjoying it all. She is now venturing into the world of music, recording her own album and doing what she loves most—singing. She does not see herself only as an actress but rather as a complete artist who can do it all, and this is something she is determined to prove to the American and international public alike. She wants to be the best, *not* just another pretty face. In order to do this, she knows that she must continue to put in all the same hard work she has already dedicated to her career. She told *Cristina* magazine in

July 1998, "You have to keep fighting for what you want. I don't like things served to me on a silver platter."

Now, at the peak of her career and her phone ringing off the hook with offers of all kinds, Jennifer Lopez still feels like that little girl from the Bronx. "When I open my eyes in the morning," she tells *Vanidades Continental* in their June 30, 1998 issue, "I am still the same girl who grew up in the Bronx, with my head full of limitless dreams. I still wake up thinking about everything that I want to achieve . . . feeling that I can't stop . . . that I have to win an Oscar . . . make better movies . . . sing in big arenas . . . Every day I wake up with that anxiety." And Jennifer Lopez's admirers certainly hope that she continues to dream, since she seems to have that magical ability to make dreams come true.

II

Ambitious Beginnings

Ever since she was five years old, Jennifer Lopez knew that she wanted to be a star. "Growing up, all I ever wanted was to be a singer and a dancer," said Lopez in an interview with *Shape* magazine in August 1998. A Leo, she was born on July 24, 1970 in the Bronx, New York, or "el barrio," as it is referred to by the Puerto Ricans living there.

Born in the United States to Puerto Rican parents, Jennifer considers herself to be a Puerto Rican, as do her two sisters, and she is extremely proud of her Hispanic heritage and culture. Her father, David Lopez, a computer specialist, and her mother, Guadalupe Lopez, a kindergarten teacher, recognized their daughter's talent and enthusiasm for performing very early on. When she was five they enrolled her in dance classes. Later on, Jennifer learned ballet, jazz, piano and classical theater, all while receiving a traditional education in a Catholic school—the Holy Family School. Her dance training also included time spent with a Spanish dance company called Ballet Hispanico, where she danced flamenco, ballet and jazz.

Guadalupe Lopez told *Vanidades Continental*, "She always loved to sing, but she was also a born actress. I always knew that Jennifer would have a great future. Ever since she was a little girl she was acting, living in her own world. I know that she is going to combine all of her talents successfully. She is a very special person."

With her parents' support and encouragement, she grew up to be a very sensible girl, one who is still very close to her family. In fact, when Jennifer earned her million dollar paycheck for playing the title role in the movie *Selena*, she bought her mother a Cadillac. The car was a surprise for her mother, whom she led blindfolded to the door of the brand-new car that was wrapped up in a bright red bow. But while the Lopezes always believed in their daughter—they saw her talent at the young age of five—their relationship was not always so understanding and harmonious.

Jennifer Lopez remembers dressing very "hip-hop" and "boyish," in tight jeans and boots as a teenager. Then Madonna appeared on the scene, and Jennifer recalls admiring her sense of style. As she experimented with different fashion statements during her adolescence, she also realized that her love for performing came before anything else.

Her decision not to go to college was a tremendous disappointment to her parents. While they supported her pursuit of a career in show business, they did not want it to be at the expense of her education. Lopez told *Eonline*, "When I told my parents I wasn't going to college and law school—which was aiming really high where I came from, but it was an attainable goal—they thought it was really stupid to go off and try to be a movie star. No Latinas did that—it was just this stupid, foolish, crapshoot idea to my parents and to everybody who knew me. It was a fight from the beginning." But she won that fight hands down, and now she counts her parents among her staunchest supporters. While Jennifer's actions may have gone against her parents' traditional family values, her eventual success is proof that her instincts were good ones. And her parents, who at one time could not understand her choices, are now very happy for their daughter and what she has accomplished.

Her initial decision not to go to college was fueled by her desire to pursue a career in dance. The decision led to many quarrels in the Lopez household, and then, one day, Jennifer stormed out of the house in the middle of a fight and never went back. "I had to make my own way," she said. Initially, she lived at the Manhattan dance studio where she was training. After a few months she got an apartment with some friends in Manhattan's Hell's Kitchen.

At first she aspired to dance on Broadway, but then, she says, "Hammer came out with 'U Can't Touch This,' and all the auditions started becoming hip-hop auditions. I was good at it, and they were like, 'Ooh, a light-skinned girl who can do that. Great, let's hire her!" Lopez told *Mirabella* magazine.

Lopez eventually landed a "stable" job on a five-month

European tour of *Golden Musicals of Broadway*, featuring the best Broadway musicals. That led to her second tour, a Japanese tour of the theater production *Synchronicity*, and then some appearances in various music videos, including Janet Jackson's "That's the Way Love Goes," in 1993.

Lopez recognizes her good fortune in her early projects, and while she did minor parts in music videos and dance gigs, she never had to do anything she was not comfortable doing in order to break into the business. In an interview with *Latina* in 1996, Lopez said, "I never had to go-go dance, thank God. A lot of girls did, but it's a trap. When you start making $500 a night, it's easy to say 'What's the big deal if I take off my top?' " But while Lopez was landing dancing jobs and appearances in videos, she was eager to make an important transition, a transition that would eventually lead to her "discovery," her subsequent rise to superstardom and her current image as the hottest Latina actress in Hollywood.

III

The Big Break

Jennifer Lopez knows that it all comes down to auditioning and exposure, to being seen as much as possible and getting lucky. "It's all about auditioning," she said in a 1996 interview with *¡Qué Linda!*, "and hoping somebody will give you a chance. They've gotta see something in you and they've gotta see something so they offer you a job. You kinda have to build a house so people come in."

Her philosophy proved right on target when she won a national competition of over two thousand contestants vying for a spot as a "fly girl" dancer on Fox's hit television comedy "In Living Color." While Lopez was thrilled to have won, she was not as enthusiastic about the role itself. At the time, she was trying to get away from dancing and break into the world of acting. She made her intentions known to the show's producer, Keenan Ivory Wayans, who convinced her to accept the job by tempting her with an offer that was too good to refuse. The offer (which was actually quite low by industry standards) was more money than her father made and certainly more than Jennifer was making at the time. Wayans also advised her to do the show for two seasons and then move on. Lopez recalls, "He said, 'You'll have money and more experience.'" Lopez appreciated and valued his advice; she is one who trusts her managers with her most important decisions. She also values the advice of her agents: "Sometimes it's really good to get an outside opinion." Among the opinions she trusts very much are those of her manager, Eric Gold, whom she met in 1991 when he was co-producing "In Living Color." He remembers his first impression of Lopez: "There was just an unshakable confidence about Jennifer. No doubt, no fear. The girl just had it."

And so she became a Fly Girl, under choreographer Rosie Perez. The relationship between Lopez and Perez was not smooth, and tension was apparent soon after they began working together. Apparently, Perez was extremely demanding of Lopez, to a point where Lopez felt singled out unfairly. Perhaps this "extra attention" was intended to help Lopez in some way, perhaps not. But in the end, their experience working together was a positive one, and they became better friends. Lopez admits that the show was a great experience for her and that it was "hip and cool," but she also recalls that she just did not care enough about the Fly Girls, since what she really wanted to do was act, not dance. In retrospect, however, her role as a Fly Girl was her big break.

In order to accept the role as a Fly Girl, Jennifer Lopez had to relocate to Los Angeles. This was probably as important a step as joining the show was, since it got her to Hollywood and put her in a much better position to vie for other roles. Lopez recalls that the hardest thing for her when she relocated to Los Angeles was "to get rid of my Bronx accent." She never thought that she would stay in L.A. She always thought that she would return to the East Coast at some point—Miami being her first choice—but "some opportunity, some possibility, always kept me out here."

After two seasons on "In Living Color," Lopez got the break that would enable her to make that long desired transition. One of the other Fly Girls was married to a producer, who happened to watch "In Living Color," and was taken with Lopez. He was writing and producing a TV pilot for Fox at the time entitled "South Central" and called Lopez to audition for the show. He ended up casting her in a recurring role, as the character Lucy, who worked in a co-op market. Unfortunately, the show was short-lived and did not give Lopez much exposure. But it did lead to her role in CBS's "Second Chances" co-starring Connie Selleca and Megan Fallows. That series aired for only one season, but the character she played, Melinda Lopez, was so popular that it was spun off in an Aaron Spelling series, "Malibu Road." This series also failed in the ratings but led to other television appearances, including "Nurses on the Line: The Crash of Flight 7."

While her television appearances may not be especially memorable and did not make Jennifer a star overnight, they did get her started in.Hollywood, and led to her first role in a feature film. And while she was still a virtual unknown to most, this hard-working, driven, aspiring actress already had many years of experience behind her when she finally began to get the attention she deserved.

Her first feature film, *My Family/Mi Familia* was all she needed to set the wheels of her film career in motion. In an interview with the *Toronto Sun* she said, "Things rolled really well from there, although there are a lot of things I have auditioned for that I haven't gotten. It hasn't been all roses. But I've been lucky in the stuff I have gotten."

Lopez herself and those close to her know that it was not all luck. Lopez may not have been an "overnight success" in the strict sense precisely because she chose her roles and projects very carefully, always thinking about the impact each one would have on her future. Rather than choosing roles based purely on monetary incentives—which surely must have been tempting early on when she was not earning much money at all—Lopez selected the roles that she felt would best help her career. Her careful choices early on would ensure Jennifer Lopez a long career in the spotlight.

IV

The Launching Pad

"Breaking in is the hardest part. I've been lucky because I got kinda picked out, almost. If you don't have that luck then the hardest part is breaking in." In 1995 Jennifer Lopez's ascent to the top had begun, when she landed her first role in a feature film, *My Family/Mi Familia*. The film was directed by Gregory Nava, whose earlier films include the Oscar nominated *El norte*, and co-starred Jimmy Smits. The saga of three generations in a Mexican immigrant family in the United States, spans the years from the family's arrival in California in the 1920s to their struggles in the 1990s. The movie was written, cast and filmed with an extremely limited budget, and the result is something of which the Hispanic community can be especially proud.

My Family/Mi Familia begins in the 1920s when a man named José Sánchez (played by Jacob Vargas) sets out for California from Mexico, intending to make the trip to Los Angeles, where he has a relative, in a couple of weeks. The journey, in fact, takes him one year. Once in Los Angeles, he decides that he will stay, and he takes a job working as a gardener in an Anglo neighborhood. He soon meets his wife-to-be, María (played by Jennifer Lopez), who is working as a nanny. They marry and have two children. While she is pregnant with her third child, she is taken away by government troops, as were thousands of other Mexican-Americans, and shipped back to central Mexico. María and her third child fight their way back to their family in California. The action continues through the following decades, up until the 1980s, and the audience meets the different members of the three generations, and follows their progress through life. In the scenes shot in the later decades, Lopez's character is played by Jenny Gago.

Lopez is in excellent company for her first feature film, and one of the best performances is that of Jimmy Smits, in his portrayal of Jimmy, a deeply disturbed man who refuses to believe that life is only made up of pain and suffering. Smits's acting in *My Family/Mi Familia* should serve as an inspiration to aspiring Latino artists. Jimmy (Jimmy Smits) marries Isabel (Elpidia Carrillo) in order to save her from being deported. For Jimmy it is a marriage of convenience, and he assumes that they will divorce as soon as possible. But for Isabel, marriage is something else: a commitment that is to be honored. Their union eventually develops into a loving one, in which they share their suffering and their losses.

While Lopez's feature film debut was in a supporting role (as the young María), it was all she needed to catch the eye of the film industry—as well as that of her director. Gregory Nava was impressed by Jennifer's talent and her dedication to a role which demanded dramatic performances in several scenes, all of which she accomplished effortlessly.

Her versatility as an actress was fast becoming evident. Nava recalled one scene in which Lopez's character had to fight her way in 38° rapids. "She got right into that freezing water every day for three days and came through without ever complaining. Few actresses would be that heroic and courageous. She's going to be a big star."

THE MONEY TRAIN

In Joseph Ruben's 1995 film *The Money Train*, Jennifer Lopez teams up with Woody Harrelson and Wesley Snipes, who play foster brothers working the subway beat for the New York Police Department. Lopez also plays an undercover decoy cop, Grace Santiago. Her character becomes the object of both male stars' affection.

When casting the part of Santiago, Ruben was looking for a sexy type that would drive the two cops crazy, and he found exactly that in Lopez. "That was really important to me, that element. It gave a focus to the movie with a kind of raw sexual competition between the two guys," Ruben told the *Toronto*

Sun. When asked why he cast a Latina in the role of female cop, he responded, "Why not? The role did not have to be race specific." Lopez, undoubtedly, was able to convince Ruben of this during her audition.

As with all her roles, Jennifer did as much research as possible about her character in order to give the most accurate portrayal possible. She went out with actual transit cops to see their work first-hand, and she also spoke to female police officers to see how they were treated by the male officers. Her research always makes her feel more secure about her character portrayals. She also felt very secure in her relationships with her co-stars. They all got along well, and that helped make the filming go smoothly.

A new hurdle for Lopez in *The Money Train* was her love scene with Wesley Snipes. She never once worried that the scene might cause come controversy among her fans. In fact, she was so comfortable with both men that she didn't even think about it; she didn't care which one she was paired with for the love scene. While not concerned about *who* she would do the love scene with, she *was* somewhat concerned about the idea of a love scene itself. Having had a traditional Catholic upbringing, this type of film work was a direct challenge to the morality she had been taught as a child. She was especially aware that her mother would not approve. Her mother was unable to watch her daughter in that particular scene. "It's really hard for me to watch Jennifer in those situations," she said.

Critical reviews of the film were far from outstanding. Lopez, however, "came out smelling like a rose." She emerged unscathed by the film's unfavorable reviews. The reviews of her particular role in the film were quite favorable, in fact, and though they may not have propelled her career forward, they certainly did not hinder it either.

JACK (1996)

Of the many eyes she caught in her film debut in *My Family/ Mi Familia* were those of Francis Ford Coppola. Lopez knows that while she may draw attention in a film, her auditions are what really matter, as they are her opportunity to set herself apart from the other contenders. She still has to compete for her roles and does not take anything for granted. When asked what she thinks top directors like Coppola are impressed by, she replied, "It's all about controlling emotion, you know? Anybody can scream, anybody can cry. It's about just being in the moment and doing whatever comes natural." She probably had a hard time controlling those emotions when she beat out Lauren Holly and Ashley Judd and landed the supporting role of Robin Williams' fifth grade teacher in Francis Ford Coppola's *Jack*.

The movie tells the story of a boy, Jack, who is growing up four times faster than normal: when he is actually ten years old he looks like he is forty years old. Jack is ten years old when he goes to school for the first time, and he quickly develops a crush on his attractive teacher, played by Jennifer Lopez. Lopez thoroughly enjoyed her experience working next to the very talented Robin Williams. She also enjoyed playing the role of a teacher, a role which was not completely unfamiliar to her since her own mother and sister are professional educators.

Francis Ford Coppola is known for keeping things very intense while filming, as he did when he directed *Apocalypse Now* and *The Godfather*. But there was a lot less pressure with his movie *Jack*. He gathered the cast and crew in the informal, relaxed setting in and around his home in Napa Valley, California. Lopez was comfortable working with the legendary director, and feels lucky to have had the experience. "He's like a big teddy bear, he's so sweet," she told the *Los Angeles Daily News* after the movie was released. "I would just, like, sit by his feet in between takes and we would watch the monitor. He creates a very nurturing atmosphere."

Not surprisingly, she was also very comfortable working with Robin Williams. They hit it off immediately. Williams, known for his ability to do all kinds of voices, would do voices between takes, and Lopez would join in. On one such occasion, Lopez and Williams acted out *Romeo and Juliet*, with Williams imitating the voice of Sylvester Stallone to play Romeo, and Lopez imitating the voice of Rosie Perez to play Juliet.

Jennifer Lopez was pleased with her role in *Jack*, which was different from anything she had done until that point. For the first time, she had the opportunity to play a sweet character. "It's nice to play somebody who's not tormented or tough. Like right now, I have bruises everywhere from crawling around with guns in *Anaconda. Money Train* was the same thing."

But most importantly for Lopez, her role in *Jack* was not originally written as the Latina Miss Marquez. The role was not intended to be race-specific, and Lopez got the part anyway. Race was not an issue for Lopez, who would have been content had they kept the original name of the character: her goal was to play a role, regardless of race. Being Latina was not foremost in Lopez's mind. What mattered most was being an actress and playing roles where race did not enter into the picture.

Lopez recognizes that she is Latina and is proud of her heritage and culture, but she also acknowledges that up until that point all of the characters she had played had one thing in common—they were all Latina. She does not think that she needs to be concerned about it, since *she* knows that she is Latina, but she wants to be careful that being Latina does not come before being an actress. When cast in a Latina role, Lopez does not feel as if she is being typecast because she has always played a variety of different characters. As long as these roles continue to vary, she does not fear being typecast. Her character as the teacher in *Jack* is quite different from her character in *The Money Train*, in which she plays a cop. Her role in *My Family/Mi Familia* is also unique. While the character she portrays may be Latina, for Lopez this is incidental and secondary to the character itself.

While the movie itself did not do particularly well, Lopez again came out on top, receiving favorable critical reviews, ensuring her bigger and better things down the road. She proved she could hold her own with stars such as Snipes, Harrelson and Williams, and also proved her versatility as an actress. She could play any role regardless of race and she even managed to land roles originally intended for non-Latinas.

BLOOD AND WINE (1997)

In 1997, Jennifer Lopez's resume became even more impressive, as she continued working with some of the biggest names in Hollywood, actors and directors alike. In the case of *Blood and Wine*, Bob Rafelson's *film noir*, Lopez plays Gabriella, the Cuban mistress of none other than Jack Nicholson, who plays Alex Gates, a seemingly content wine merchant who becomes consumed with greed. Also starring in the film is Michael Caine, who plays the ex-con Victor Spansky.

The film begins by showing Nicholson's character, the proprietor of a wine shop, as successful and happy, living in a nice house and driving a BMW. But he is not satisfied with what he has, and he wants more from life. At the same time, he is having marital problems with his wife, played by Judy Davis. He begins an affair with Gabriella, Lopez's character, who is the nanny of one of his customers. Then the action begins. He decides to plot to steal a diamond necklace from this same customer, and enlists the aid of Gabriella and Victor to assist him. Of course, the scheme does not go as planned.

Lopez calls *Blood and Wine* a "great story": about Cuban people who leave their country, risking capture, imprisonment and even death in order to come to the United States in search of a better life. Lopez told *Movietalk Online* that Gabriella's character was very emblematic of all those who had left or were trying to leave Cuba. Her "what do I have to lose" attitude is not unusual, and her desire to provide a better life for her family in the States is also a familiar theme. The reason Gabriella stays with Alex is to get help for her family. Despite falling in love with the much younger Jason (played by Stephen Dorff), she remains with Alex, since a relationship with Jason would be a dead end, as he would not be able to provide any help to her or her family. In the end, she realizes what she has lost. For Lopez, Gabriella was a great character, a likeable and understandable woman.

Jennifer was not only happy with the character she portrayed in *Blood and Wine*, but she was also pleased with the opportunity to work alongside such an established Hollywood actor like Jack Nicholson, whose presence on the set made an impression on the cast and crew. The veteran actor calmed Lopez down when things seemed to be overwhelming her.

Lopez surely learned a lot from this consummate professional, as he helped her get control of her role and focus during their scenes.

From their first scene together, Lopez felt comfortable with her formidable colleague. She recalled her first scene with Nicholson: originally, it was to be a love scene, but Nicholson insisted on a dance scene with salsa music, since he believed it important to show how Alex was captivated by Gabriella's world. Lopez, with her extensive dance background, was not intimidated at all by this, her very first scene with one of Hollywood's all-time greats. "I had the upper hand," she told *Movietalk Online*, citing her dance experience. Lopez actually had to teach Nicholson a step or two. This scene helped Lopez to feel very comfortable right from the start.

Lopez also had the opportunity to do a steamy love scene with the character of Jason, Nicholson's stepson in the movie. Lopez's character, Gabriella, falls for Jason, but it is a love that will never be fully consummated, as Gabriella's more immediate concerns win out in the end. Not surprisingly, Dorff and Lopez exude a seductive and erotic sex appeal on screen together. All the characters in this film are well-portrayed and believable, and Lopez's moving performance as the young Gabriella should not be missed.

ANACONDA (1997)

Jennifer Lopez stretches her acting abilities again in Luis Llosa's action adventure movie *Anaconda*. Lopez plays the sexy but savvy Terri Flores, a first-time director and member of a documentary film crew that sets out for the Amazon in search of the anaconda-worshipping Sirishama Indian tribe. The crew is headed by anthropologist Steven Cale, played by Eric Stoltz, and also includes Ice Cube in the role of Danny, the cameraman. The crew runs into trouble when they stumble across the stranded snake hunter Paul Sarone, played by Jon Voight. Instead of helping them find the Indian tribe, Sarone leads them unknowingly on his quest for a deadly forty-foot Anaconda. This culminates in a terrifying encounter with the vicious snake and Sarone's attempt to capture it alive.

Anaconda was a box office hit, and Lopez, in the role of

documentary film director Terri Flores, proved that her talent does not lie merely in stereotypically sexy roles that only highlight her beauty. Here she plays a hard-working and adventure-seeking woman whose ethnicity, once again, is not an issue in the film. *Anaconda* was a low-budget film, but it did surprisingly well at the box office. On the list of the top 250 box office hits in 1997, *Anaconda* was the highest-ranking film that starred a Latino actor. It was also responsible for knocking Jim Carrey's *Liar Liar* out of the number one spot at the box office, and took in more than $100 million in the United States alone. This is a figure reached only by big blockbuster films nowadays, and *Anaconda*'s success can, in large part, be attributed to Jennifer Lopez's starring role. Lopez proves in this film that she is not just a gorgeous face and sexy body but rather a versatile actress capable of a wide range of roles.

Again, one of the greatest pleasures for Lopez was working with performers that she admires, especially Ice Cube. Lopez felt a special bond with Ice Cube on the set, not only because she is a devoted fan of his music, but because both Lopez and Ice Cube longed for their homes unlike her other co-stars, Jon Voight and Eric Stoltz, who were thrilled and excited to be shooting in the Amazon. She recalled to *Movietalk Online* that working in the Amazon was difficult for her and Ice Cube because they are both very urban people. Lopez was anxious from the beginning to get back home and shoot the L.A. part of the film.

While she may not have been thrilled with life in the jungle, Lopez is very happy with the movie and her performance in it. She likes action movies and thinks that *Anaconda* is exciting and adventure-packed. "I don't have to see *The English Patient* every time I go to the movies," she says. What is important for her is that a film entertain the audience, and with its journey through the Amazon and Lopez's convincing performance, *Anaconda* does just that.

U-TURN (1997)

"When Hollywood starts considering me for roles where ethnic background doesn't matter, that's an even bigger step in the right direction for me," Lopez told *Latina* in 1996. Just one year later she had already taken that big step. Oliver Stone chose Lopez over Sharon Stone to play the incest victim Grace McKenna in his movie *U-Turn*. Oliver Stone says that while this film is structured in the style of a *film noir*, it is really much more like a Western.

Lopez forms part of a star-studded cast which includes Sean Penn, Billy Bob Thornton, Nick Nolte, Claire Danes, Joaquin Phoenix and Jon Voight. The movie begins with drifter and down-on-his-luck gambler Bobby Cooper (played by Sean Penn) heading for Las Vegas to pay off a gambling debt to some Russian mobsters. When his car breaks down in a hick town called Superior, Arizona, Cooper leaves his car with a questionable mechanic (played by Billy Bob Thornton) and walks into town. There, he meets the beautiful, seductive and two-timing apache Indian, Grace McKenna (Lopez), who just happens to want to leave town and is looking for somebody to help her get out. Grace is married to one of the most powerful men in town, Jake McKenna (played by Nick Nolte) who beats Bobby up badly and then offers him money to kill Grace. Soon after, Grace offers Bobby money to kill Jake. Bobby just wants to leave town, but has quickly become embroiled in the lives of the eccentric locals.

Jennifer loved working with Oliver Stone, who actually re-arranged the production schedule of the film so that she could play Grace McKenna. Lopez was thrilled to have gotten the role, and not just because she beat out one of Hollywood's most beautiful leading ladies, Sharon Stone. Years before, Lopez had been auditioning for Oliver Stone, who had decided to straighten up his office while she was auditioning. She walked out, swearing that she would never work for him. And so, the director almost had to beg Lopez to take the role in *U-Turn*, something which gave her great satisfaction. Not too proud to accept a role working for one of Hollywood's top directors, she gave in and took the part. And she is glad she did, since she thoroughly enjoyed her experience working alongside one of Hollywood's greats. When asked by *Eonline* if Oliver Stone is the lunatic that he is reported to be, Lopez replied, "He's not crazy, he's a genius. I love Oliver, loved working with him. He was totally great to me—a real actor's director."

Jennifer Lopez was additionally proud to be chosen for this

role because it was a non-ethnic role. This validation of her versatile acting abilities was important to her as an actress and as a role model for her Latino community. "I've been very lucky in that I've been able to get into the audition rooms and get parts that weren't even written for Latinas," she told *USA Today*, July 10, 1998. Lopez believes that the more non-Latina roles that she can land, the bigger the contribution she can make to bringing down the ethnic barriers in Hollywood. Lopez knows that *she* is not the one that is changing in order to get these roles; instead, the film industry is changing its approach toward Latinas and how they are considered for parts. Lopez shares the same opinion on her growing fame: "Everybody thinks that you're the one that changes, but it's the way people treat you that changes."

SELENA (1997)

"I think *Selena* really got my name out there," Lopez admitted to the *Toronto Sun*, "but Jennifer Lopez didn't do a bad job of that, either." It's just that confidence and perseverance that led to Lopez's successful audition to play Selena in Gregory Nava's film based on the life and tragic death of Tejana singing star Selena Quintanilla Pérez. Lopez stars alongside Edward James Olmos, who plays the role of Abraham Quintanilla, Jr., Selena's father.

Selena had become a sensation in the male-dominated Tejano music world, which combines Latin song traditions with American pop elements. She had millions of fans both in the United States and in Mexico, something highly unusual for someone who sang in Spanish but scarcely spoke it. In fact, Selena was raised speaking English, a fact that many of her adoring fans probably did not know. When she was recording her first songs in English she even joked that her fans would be surprised that she had learned English so fast! She won a Grammy Award and had just finished recording her first English-language pop album when she was shot to death on March 3, 1995, at the young age of 23, by the obsessed ex-president of her fan club, Yolanda Saldívar. Saldívar was later sentenced to life in prison and is currently serving thirty years without parole.

Selena's untimely, violent death was a shock to her millions of fans and a startling contrast to her happy, positive image and spirit. Thanks to her star quality, she generated love and devotion in her fans, which made the production and casting of the film a very delicate process, one that was not exempt from controversy. The tragic end to Selena's life had to be treated with dignity and respect, so as not to offend or betray her family or friends. Whoever would be chosen to play Selena in the film would have a great deal to contend with: living up to the memory of a Tejana superstar who was worshipped by millions would be a formidable task for even the most veteran actor. As Lopez herself recognized later, "It's a very touchy subject. She didn't pass away very long ago, and she's so fresh in everybody's minds, and that makes it a huge challenge to play her." Selena's rise to stardom was an example of the American dream come true, and the film set out to document this journey in the most delicate and poignant way possible.

The question quickly arose: why even make such a film, especially so soon after the tragic death of Selena? Abraham Quintanilla, Jr., Selena's father and executive producer of the film, defended his decision to make the film that would memorialize his daughter. He told *Time* magazine, "I didn't do the movie to exploit my daughter. I did it because there's an insatiable desire from the public to know more about her."

Selena's father had been instrumental in her career, forming a Tejano band with his three children and heavily promoting the singing talent of Selena, his youngest. And since Selena's death her father has managed the musical legacy that continues to grow even four years after the Tejana singing star's death.

Defending himself against claims that he was trying to exploit his daughter by making the film, Quintanilla explained that he also wanted to act quickly as a preemptive move, and thereby prevent others from capitalizing on his daughter's story. In fact, the idea to make the movie was not even his. Quintanilla heard rumors circulating that people wanted to make a movie about Selena. But it was not until he saw a certain article in the *New York Times* that he decided to take things into his own hands. The article reported that a producer at the Fox network was considering making a movie about Selena. Quintanilla wanted to make sure that any movie about his daughter properly and accurately reflected real-life events, and so he decided to tackle the project himself. He admitted his own need to keep his daughter alive, both through her music and through other projects, such as the movie. This was his way of coping with his loss. And so he embarked on the project that would lead Jennifer Lopez to major stardom, the role that would make her the highest paid Latina in Hollywood.

Following the advice of some Hollywood professionals, Quintanilla agreed to solicit the talent and services of Gregory Nava, to write and direct the script that would document his daughter's life. Given the success of his last feature film *My Family/Mi Familia*, and having an intimate knowledge of the Mexican-American culture that Selena had grown up with and exemplified, Nava was a logical choice. Nava had also admired Selena for the person she was. He told the *Los Angeles Daily News,* "Selena is just this deep phenomenon, people love her. You've got to look at why. Of course, there was her magical personality. But the key to Selena was that she accepted herself. We're always taught, as Latinos, that to make it in America you have to hide your true self. She did just the opposite, and was accepted bigger than anybody."

Nava, as one of the pioneers of the American independent film movement, was accustomed to making movies with a minimum of interference from producers, which could have presented a problem given Quintanilla's deep personal interest in the film. Many thought that Nava's freedom would be curtailed to some degree, but the collaboration went smoothly. Nava admits he had to convince the family in order to be able to portray certain aspects of her life that they originally did not want on film, such as Selena's marriage to the band's guitar player, but Nava was able to make them see the dramatic value of scenes like this. According to Nava, he and the family "went through a journey together," and the result was an accurate and poignantly told story of a beautiful rising young star.

Casting for the part of Selena turned out to be more difficult than working out the details of the script. A nationwide audition was conducted, and 22,000 hopefuls came out to vie for the role of Selena at huge casting calls that were held in Texas, California, Florida, and Illinois. Lopez had received a phone call in which she learned that Gregory Nava would be directing the film about Selena's life. She told *Mr. Showbiz*, "Now, I knew she was about my age and they might be considering me for it. But it wasn't this thing like 'I have to get this part.' I think it wasn't until I auditioned that I really wanted it. That's when I realized that there was all the dancing and singing, and then I got really excited about it."

After the initial open call, Lopez was one among seven actresses—three unknowns, and four professionals—who were invited to do screen tests. Even though Lopez had worked with Nava before, she was not bothered by the fact that she still had to submit to such a rigorous audition process. "I am still at the stage of my career where I have to go after things that I want. It would be stupid not to." Lopez has realized from the beginning that auditioning is a crucial part of acting. "That's how you get to do the good roles. You can't let it get offered to everyone else before it comes to you."

What was the key behind Lopez landing the highly-coveted role of Selena? Lopez admits that many of the actresses who turned out for the auditions looked a lot more like Selena than she did. But she believed that "they were trying to find somebody who could capture who Selena was, what she was like inside and why she was such a special person." And she was right. She went on to tell *Eonline* that the essence of Selena was her happiness and love of life. "She worked with her family and had great family values. She embraced her culture." These were elements that both Nava and Quintanilla knew would be crucial to capturing accurately the spirit of Selena on the big screen. Lopez eventually triumphed—not because she could sing and dance, but because of her personality, which in many ways was so similar to Selena's. Nava said, "Not only did Jennifer give the best audition, we were looking for someone who could capture Selena's inner spirit. She just had it." Having the right combination of talent landed her the role of Selena and the enormous responsibility of playing the Tejana star who had become almost more adored after her death than before.

Quintanilla was very pleased with Jennifer's portrayal of his daughter. Lopez captured the essence of his daughter, in her smile, in her giggle, and in her reactions to things when she was angry. Quintanilla recognized the similarities immediately and knew that Jennifer was the best person for the role of Selena. Lopez accepted the challenge, knowing that she was going to be under close scrutiny every step of the way. "Actresses are always saying, 'I want a challenging role. There are no good roles.' Well, this is one of those roles. I feel only honored to have the chance to try and do a good job, and that's what I'm going to do."

While Lopez was prepared for the challenge that faced her in portraying the slain Tejana singing sensation, she was not prepared for the controversy that she found herself embroiled in soon after she got the part. The Mexican-American press was highly critical of the choice of Lopez, a Bronx-born Puerto Rican playing the role of a Texan of Mexican heritage. There was also some talk that the talent search had been staged, and that the film studio had intended to use a professional actress all along. Lopez admits that this was a big concern for her initially and that she had to work hard to stay focused. "I thought, 'They don't like me!' But then I realized I was taking it personally and it wasn't personal. Any actress would have been under tremendous scrutiny because of how beloved Selena was and how fresh that wound was," she said in an interview with *USA Today*. Lopez knew that she had to ignore the commotion and to move forward. She immersed herself in the role and did her best to ignore the distracting criticism.

After her initial uneasiness over this controversy, Lopez settled down. She also began to hear the positive reactions, something which put her back on track. "The press sometimes tends to focus on the negative because it's controversial. But in general, I think the Latin community is pretty happy that the project's being made, that it's a Latin director and writer and actress. The people who I've encountered, in the street and in the community, all seem to be really happy that I'm doing it." Lopez also realized that no matter who had been cast as Selena, there would have been some issue because, after all, it *was* Selena.

In addition to this skepticism, Lopez also had to deal with the fact that her $1 million paycheck was the highest salary ever paid to a Latina actress. She was ready for this challenge, despite the added pressure. Lopez knew that this was an opportunity to prove herself. She knew that she had to show the fans and the press that she could do it, and this was a goal that she understood and accepted. The responsibility she took on was tremendous. On one hand, she wanted to do a good job for herself, as an actress. But it was equally important to do a good job for Selena's family, friends and fans, so as to give them something worthy of Selena's memory.

Jennifer Lopez's success in landing the starring role of Selena was certainly due in large part to the similarities in their personalities and styles, but also to Lopez's dedication. She learned as much as she possibly could about the real Selena. Selena had been encouraged by her father, a frustrated musician, to sing at the young age of seven. Similarly, Lopez had been encouraged to dance at the age of five by her mother, a frustrated actress. Like Selena, she had grown up singing and dancing, and with her eyes set on something bigger. Both women loved to perform on stage, something that Lopez remembered when filming the opening scene in the Houston Astrodome. Because of her acting career, she had neglected her singing career. Selena brought that love back to her.

Lopez also identified with many aspects of Selena's character. Selena was very natural, and was not afraid to show who she was—something also very characteristic of Lopez. She told *Mr. Showbiz*, "One of the things that made her so popular was that she was always just herself. She didn't try to hide her figure, all that stuff. She was Latin, she had dark hair, and she dyed her hair even blacker than it was. She wore bright red lipstick. It was never a thing with her to say 'Maybe I won't wear this miniskirt, maybe my butt won't look so big if I wear this instead.' She accentuated what she had. And women look up at her and say, 'My body's just like that. She's just showing it, so why should I feel ashamed of it?' "

Lopez has, in fact, received quite a bit of attention for not hiding what some at first thought was a large backside. From the beginning Lopez has been comfortable with her body and she has always dressed how she pleased, and she continues to do so. In fact, Lopez's confidence in her figure has proved to be a great asset, and she has turned what at first seemed like something negative into something tremendously positive. In the spirit of Selena, she is proud to be Latina and to have a body shape that reflects who she is and where she comes from.

Jennifer and Selena also share big hearts as well as a rebellious streak, the latter revealed when Lopez moved out of her parents' house when she decided not to go to college and when Selena married the band's guitar player against her parents' wishes.

Selena Quintanilla's family was quick to notice other similarities between their daughter and Jennifer Lopez. During one dinner with the Quintanillas, Lopez was scolded for her bad eating habits. Lopez told *Mr. Showbiz* that Selena's mother would say to her, "You never eat, you never drink enough water . . . You're just like Selena!" Lopez took this as a compliment, coming from the mother of the singing star.

Perhaps the most important similarity between the two is that of being Latina in the United States. There are, of course, many differences between the Puerto Rican culture of the Bronx and the Tejano culture in which Selena was raised. But the parallels are undeniable: ". . . growing up and being treated a certain way, or not being treated a certain way. Being a minority. Being a woman." Both women were fighting to overcome stereotypes that have stunted more than one rising career, and both women broke through those stereotypes, crossing over into the non-Latino show business world.

Lopez also used Selena as an example. She saw how the public adored Selena and how Selena adored her public as well. Selena was a star who visibly cared about her fans, always taking the time to talk with them and to thank them for their support. Selena's public adored her, and she made sure that her fans knew that she adored them as well. Lopez admired Selena's gracious quality of never forgetting to appreciate those who were ultimately responsible for her success.

Selena was special, and Lopez recognized that her job was to reflect that in her portrayal, and maybe even learn from it. Selena's natural talent, along with her ability to reach out to people, was seen and felt immediately. "The public reads right through you, they see what you're all about the minute you're up there in front of them. She exuded that: everybody mattered to her, no matter how much success she had," she commented in her interview with the *Los Angeles Daily News*. And in her portrayal, Lopez had to show that she cared, as well—about the people around her and about her fans.

In addition to all the similarities between Jennifer Lopez and Selena, Lopez was diligent in trying to learn as much as possible about Selena, which included studying her dancing moves, her singing, and her mannerisms. Lopez found that imitating Selena's dancing style was the most difficult task of all. In order to learn how Selena moved, Lopez had to "... watch a lot of videos for hours every night, and try to unlearn how I moved." The singing in the film is all lip synched, even though Lopez also had to learn how to sing like Selena. She was able to do this also by watching the videos carefully. Lopez took this learning process one step further by moving in with Selena's parents for a while, in order to absorb the atmosphere of her family life. She told *Vanidades Continental* in June 1998, "I tried to forget about my own mannerisms in order to pick up Selena's. I learned how to dance like she did. To laugh like she did. To imitate her sense of humor. I walked through the streets of Corpus Christi soaking up the atmosphere. Trying to feel like a *Tejana*." Lopez admits that Selena's family was a great help, and she experienced first hand just how big-hearted they are.

The striking similarities in character were not enough for some critics, who thought that Lopez should have been made to look physically more like Selena, as well. Lopez's nose was different from Selena's, and a prosthesis was considered, but this idea was eventually rejected. After several tests, the rubber nose was still visible, and in certain close shots, the fake nose would not have worked at all. Mark Sanchez, the make-up artist, quickly pointed out, and rightly so, that Lopez was such a good actress that the nose would not matter at all. She was simply "right for the part," and that was more than any make-up artist could achieve. Lopez did wear wigs to portray Selena as both a teenager and a young adult, but apart from that, everything else belonged to Jennifer.

The filming of *Selena* was especially emotional given the fact that the Quintanilla family was always on the set, actively involved in the project. It was emotional for all of Selena's relatives as well as for the cast, most especially Jennifer. The script alone made her cry, and having lived with Selena's family for a period of time made her emotions much more intense. Lopez felt an added pressure with the family watching every take. She would look around and see Selena's relatives in tears, and it reinforced Lopez's desire to do a good job, not just for herself but for Selena and her family. She told *Vibe* magazine, "I became the focal point of all this pain and suffering; but for some reason, I never broke down." This was the case until she saw the rough cut of the film. "Everyone who had seen it kept telling me how they cried while watching it. So here I am, and it's getting close to the end, and I'm still not crying. All of a sudden they get to this one scene, after Selena passes away, and I just broke down. I was sobbing uncontrollably for about a half hour, forty-five minutes. I needed to cry for her, but I didn't expect such a reaction."

Lopez spent four months filming in Mexico and Texas, always with Selena's family present and involved. The emotional intensity that pervaded the set, and which can be felt in the film, is proof that the film is a true reflection of the Tejana star's life. "This film is so true-to-life, people just don't realize. People may think it's washed over or that we tried to take all the bad out, but this woman had her strong side that rebelled against her father, and she had her tender side, too." A lot like Jennifer Lopez herself. Although having the family on the set led to a more difficult and emotional filming experience, it also allowed Lopez to really understand the family environment in which Selena had lived—a very close-knit and loving one.

The movie *Selena* did more for Jennifer Lopez than just throw her into the Hollywood spotlight. Lopez learned some valuable things about herself by portraying Selena. She had always loved to sing and to perform on stage, but that desire had been pushed aside in favor of pursuing an acting career. During the filming of the movie's opening scene in the Houston Astrodome, Lopez realized that she loved what she was doing—performing in front of thousands of screaming fans. It brought her back to her first love, singing and dancing, and she knew then that she would have to record an album at some point in her future career. And Jennifer Lopez never seems to let an opportunity or dream pass her by. Her debut album came out in summer 1999.

Apart from rekindling Lopez's singing and dancing ambitions and helping to expand her career in that direction, *Selena* also taught Lopez a valuable lesson that she tries to live by every day. The lesson that Jennifer Lopez learned from the film was to live for the moment because one never knows what will happen in life. There is no guarantee as to how much time a person has, so it's important to seize every moment and every opportunity as if it were the last.

Gregory Nava's *Selena* is not just the story of a Tejana singing sensation who met with a tragic fate, but rather the story of someone from their community, a Latina, who "was accepted and that's what we all want." And part of the movie's success is due to the fact that it told the story of a struggling Latina artist who overcame many obstacles to reach the top. Although it ended in tragedy, Selena's life was an inspiration to many aspiring young Latino artists. *Selena* is not just a Latino movie but rather it is a movie for all races and cultures. Much like *My Family/Mi Familia*, it reached a broader non-Latino audience—something that can be considered a great achievement for Latino actors and filmmakers everywhere. Both Nava and Lopez hoped that the film would open more doors for all Latinos.

Jennifer Lopez's portrayal of Selena was so real and so believable that people, especially in the Latino world, now refer to her as the actress who played the title role in *Selena*. However, despite the movie being the catalyst behind her rise to stardom Lopez did not worry that this label would follow her throughout her career. Lopez regards this as a positive label, since the movie was not released very long ago and since the memory of Selena is still very much alive. Lopez told *Vista* magazine in June 1998, "One of my friends, also an actress, told me after she had seen the movie, 'It doesn't matter what comes next in your career, you will always have this.' And that is how I look at it. I worked hard, it came out very well and the public will remember that I played the role well, and that is why I consider it a positive thing."

The success of *Selena* and Jennifer Lopez's portrayal of Selena did not go unnoticed. *Selena* topped the 1998 American Latino Media Arts Awards (ALMA), picking up four awards: Best Film, Best Actress (Jennifer Lopez), Best Actor (Edward James Olmos), and Best Director (Gregory Nava). Lopez also won ALMA's 1998 Lasting Image Award, and the Lone Star Film & Television Award for Best Actress for her role in *Selena*. Lopez was also nominated for a Golden Globe Award for Best Actress for her role in *Selena*, as well as a MTV Movie Award for Best Breakthrough Performance.

Lopez had become a not-so-overnight sensation. She is now

recognized in public, something Lopez finds rather strange, although she is not immune to the attention that comes with fame. In fact, at times Lopez is surprised that people recognize bher, since she is often dressed casually and so differently from how she appears in her films. She was even spotted on a Miami beach while she was jogging, and fans came running after her, calling her name. While it is somewhat disconcerting to be so easily recognized after so many years of anonymity, it is not an entirely unpleasant experience for Lopez, who is finally achieving the goals she set for herself long ago. In Lopez's banner year, 1997, her celebrity and star status were confirmed. And that crucial year also ensured that many, many more people would now be chasing after her, yelling her name.

OUT OF SIGHT (1998)

Jennifer Lopez's big hit, *Out of Sight*, is additional proof that Latino actors are breaking through the ethnic barriers in Hollywood. This $48 million film was directed by Steven Soderbergh (*Sex, Lies and Videotape*), also known for his independent film work, and co-directed by actor Danny DeVito. Soderbergh chose Lopez over several of Hollywood's most popular actresses, including Sandra Bullock, to play the tough federal marshal, Karen Sisco. Soderbergh found in Lopez the right combination of talent and beauty, and though the part of the federal marshal was not written for a Latina, he was not concerned at all. "It's not a question of, are people ready to see a Latina actress in big movies," Soderbergh said in an interview with *Mirabella* magazine. "The point is, people are ready to see *Jennifer* in high-profile movies. She's sexy, intelligent, beautiful but not implausibly beautiful, and she's got both really good instincts and very good technical chops, which is rare."

In *Out of Sight*, Lopez stars alongside "ER" heartthrob, George Clooney, in this crime thriller based on the Elmore Leonard novel of the same name. Clooney became the heartthrob of almost every American television watcher with his huge success as the compassionate and charming Dr. Doug Ross on the acclaimed television series "ER." Like Lopez, Clooney was not exactly an overnight success, having begun acting at the age of five, only to leave it in pursuit of a career in baseball. When it was clear that a major league baseball career was not in the cards, Clooney returned to acting. His appearance every week on "ER" combined with a growing list of film credits has made George Clooney one of the most popular and highest paid actors today. He was even voted *People's* "Sexiest Man Alive" in 1997, an honor that the modest Clooney passed on to Harrison Ford. Lopez could not have hoped for a more popular or appealing co–star for *Out of Sight*, a movie in which she had to convince the audience of her character's attraction and affection for the character played by Clooney—a task that proved quite easy.

Filled with suspense, action, humor and romance, this film tests the talents of the beautiful Lopez, who passes with flying colors. In the film, Lopez plays the role of Karen Sisco, a federal agent who goes to visit a prison in southern Florida. At the same time, one of the prisoners, Jack Foley (George Clooney), is escaping. And the action begins there. Foley kidnaps her in the trunk of his getaway car, and a spark ignites between the two. They discover a chemistry that leads both to wonder later on—what if things had been different and he had not been a bank robber? What could have happened for the two of them? Sisco's mission is to hunt down the escaped bank robber after she is released from the trunk, but both characters hunt each other down, not wanting to be apart but knowing that getting together would result in a less-than-happy ending.

Jennifer Lopez landed the role of Karen Sisco after a sensational audition that convinced both director and novelist alike. Soderbergh had been considering Sandra Bullock for the role after having spent some time with both Bullock and Clooney together. They had a certain chemistry, but "it was not Elmore Leonard energy. George and Jennifer in a room, *that's* the energy this movie needs," Soderbergh told *Mr. Showbiz*. In her audition, Lopez had to recreate the opening scene in the trunk of the car—only on George's couch. Jennifer had no problem cozying up to Clooney to get the role. She told *People* magazine, "We did the trunk scene and when we finished, I think, 'I got it.' I'll do that kind of stuff to get parts." In fact, Lopez knew just what she was doing when she walked into the audition room. She knew what the director was looking for—a tough girl who could convincingly portray a federal marshal, and also a soft girl with whom George Clooney could fall in love. Knowing that the character of Karen Sisco would have to be a little tough yet tender at the same time, she went into the audition and did what she does best—act. Steven Soderbergh had found his Karen Sisco.

Leonard was convinced: "You put Jennifer Lopez in it, that's going to make it sexy," he told the *New York Times*. And director Soderbergh knew he had found the steam and heat, that kind of chemistry that neither Michelle Pfeiffer nor Nicole Kidman could provide. Soderbergh knew Lopez was the ticket for creating the sexual tension and passion he was striving for. "George had this noisy leather couch in his study, and we did the test there," he explained to *Mr. Showbiz*. "George and Jennifer are scrunched up, and I had the video camera there, and I did it in such a way I could cut it together. Jennifer is no shrinking violet, and she came in and nailed it. You could feel it in the room. We had a lot of actresses come in and audition on the couch. We had all the good ones. But here's the funny thing: Jennifer was great, but what convinced me was that George was better with Jennifer than with anybody else. He was different, and that's what I needed." Clooney's charm, Lopez's sexy beauty, and the sexual tension that radiates from the two of them together give *Out of Sight* the sizzle Soderbergh was looking for.

Jennifer Lopez enjoyed playing a character who was both strong and vulnerable. Karen Sisco is a tough federal agent who knows how to take care of herself, but when she is locked in the trunk with Foley, she discovers she has feelings that are less than tough. She discovers a tenderness uncharacteristic of a woman in her position that makes her seem more human. She becomes torn—not knowing if she should turn him in or love him.

Lopez also enjoyed working with Clooney, and it is visible from their on-screen interaction. Their chemistry is evident from their first scene together. And Lopez knows that this is not always the case between co-stars. Romantic relationships on screen are especially difficult, since no one can ever be sure of how the scene will turn out, and if the actors will be believable or not. Lopez admits to *Movietalk Online* that at times you have to work hard to get a connection with that other person. But the best situation is when things just happen naturally and convincingly, and that is exactly how Lopez and Clooney connect on-screen, making every scene a mirror of reality. Lopez is very pleased with how the love scene with Clooney was handled and feels that it leaves the audience wanting more because it is so tastefully done and does not give too much away. This is clearly one of the keys to the success of *Out of Sight*.

Not only was there good romantic chemistry between the two, but Lopez and Clooney got along well on another level as well. They joked around during breaks and genuinely enjoyed each other's company. Some of their joking had to do with how the big star of a film gets treated better than the other actors. She shared this with *People* magazine: "We were talking about close-ups, and how the star is always first. So on the set we were fighting, 'No, no, you go first.' 'No, *you* go first.' We were both so used to not being first."

With Lopez's compelling performance as Karen Sisco in *Out of Sight*, she has convinced all that she is one of the hottest and most appealing leading ladies in Hollywood. She is being pursued for Latina roles as well as those roles not intended for Latinas. Jennifer Lopez's success in Hollywood is due in no small part to her ability as a versatile actress. But it can also be attributed in part to the dawning realization in Hollywood that cultural diversity sells.

Lopez has always regarded the most difficult aspect of getting a role to be the audition. "The real work comes when you're looking for a job. That's more exhausting (than filming back to back). . . . Reading scripts. Going on auditions." With more scripts coming her way than she can possibly read, she is aware of her good fortune, and while she may still have to audition, she would not trade the position she is in now for anything in the world.

ANTZ (1998)

Jennifer Lopez's work in *Antz* is proof that it is not just her gorgeous looks that land her roles. Lopez's voice joins a host of other easily recognizable Hollywood voices in DreamWorks Studio's animated comedy, *Antz*. This computer-animated movie, filled with special effects, dazzles with its technical sophistication.

The film tells the story of an ant colony underneath Central Park. As the film opens, every ant is obediently doing his job, not questioning his place in society or why some ants are workers, while others are warriors, and only one is the queen. The colony is busy with an emergency project—digging a huge tunnel—and therefore there is little time for any of them to question the order of their world. But the smallest ant, worker ant Z-4195 (the voice of Woody Allen) does what no ant in an ant colony would ever dream of doing—to think on his own, and question why he is doing everything for the colony and nothing for himself. One evening, Z goes to a bar and meets the beautiful Princess Bala (Sharon Stone) and he falls in love with her. Bala, however, is already engaged to a conniving general (Gene Hackman) who is scheming to "cleanse" the ant population. Z then meets the warrior ant Weaver (Sylvester Stallone) who helps Z out by switching jobs with him so that he can impress Princess Bala. Z, Princess Bala and Weaver then lead a revolution in the colony to bring democracy to their world. The queen ant is played by another famous voice, that of Anne Bancroft.

Jennifer Lopez provides the voice for Azteca, a worker ant who falls in love when her friend Z-4195 and Weaver switch jobs. Lopez's voice is in excellent company alongside Hollywood greats Woody Allen, Sylvester Stallone, Sharon Stone, Gene Hackman and Anne Bancroft. This star-studded group is extremely well cast, as each voice fits very well with the ant being played. *Antz* is a skillfully crafted comedy that appeals to both young and old alike. And while, at times, it appears to be pure adventurous fun, on another level there are lessons to be learned and moral questions to ponder.

Lopez enjoyed her new experience in the world of animation and the freedom that it allowed her. "Animation is really fun. There are no set rules and you can just go for different things. It's a totally different type of acting." With her voice starring along with some of Hollywood's heaviest hitters, Lopez again proves that she is more than just a pretty face and that her ethnicity should not and will not stand in the way of all sorts of roles. Expanding her list of credits by entering the world of animation is also further evidence of Lopez's versatility as an actress and of her determination to take on whatever challenge comes her way.

V

A Bright Future

Not only can we expect more starring roles in big feature films from Jennifer Lopez, but we can also expect to be hearing the beautiful Latina crooning on the airwaves. The ambitious Lopez has always considered herself a complete artist, and now she is proving it. She recently signed a lucrative contract with Sony Music's Work Group label, and her debut album was released this summer.

"I consider myself a complete actress. I dance, I act, I sing ... I don't want to do just one thing, I want to do it all," Lopez told *Vista* magazine. "I wouldn't feel right if I didn't do it. I think I have much more to offer. I would feel bad if I reached the age of sixty and thought about what I should have done." She is extremely happy that she recorded her first album, something she had always wanted to do but which fell by the wayside when she pursued her acting career more fervently. Lopez describes the album as having a mix of dance, R&B, and pop music, all with a Latin feel. She loves Latin music and wants this to shine through in her songs. "It will have everything, but the type of music doesn't matter, there will always be a Latin flavor in them." Her music, she says, will be just like her—a mix of different things. Some songs may sound more like street songs, others are more pop and commercial. But the common thread running through all Lopez's music will be an unmistakable Latin flavor.

The record features a Spanish-language duet with Jennifer Lopez and one of her favorite musicians and someone whom she considers to have influenced her own musical style, Marc Anthony. Together they recorded the song "No me ames" (You Don't Love Me). She also co-wrote the lyrics for another single on the album, "Should Have Never." Also included on the debut album are songs that Lopez recorded with reputed songwriters/producers Track Masters and Emilio Estefan. Sony Music executives are hoping that Lopez's debut album will be a big hit with both U.S. and Latino audiences. They are hoping that Lopez's musical talent, just as her acting talent, will bridge the cultural gap and appeal to everyone, Latinos and non-Latinos alike, much in the fashion of the enormously popular Gloria Estefan. That is what Lopez is surely hoping to achieve as she embarks on her next quest to be the best at what she does.

Some have questioned the sexy screen star's choice of embarking on a new career as a singer, feeling that it may be an unnecessary risk for Lopez to take. But for Jennifer Lopez, she is merely giving free reign to her multitude of talents, and enjoying every minute of it. Few actors before her have been able to make a successful transition from film star to singing star, although many have tried. Most of the stars who both act and sing made names for themselves first as singers and then as actors, such as Barbra Streisand, Diana Ross and Whitney Houston. On the other hand, there are many actors who have failed when attempting to make their way in the music world, such as Bruce Willis and Don Johnson. But the ever-confident Lopez shows no sign of trepidation. In July's *Mirabella*, she reaffirmed her confidence in her abilities, leaving little doubt as to whether or not she would succeed. "It's always hard to cross from one thing to another. But as with getting a part that people don't think you can do, everything goes away if the product is good, if you do a good job." No doubt we can expect nothing less than a "good job" on Lopez's debut album.

In addition to a budding music career, Lopez is spreading her name and face around in other ways. With a beautiful face like Jennifer Lopez, why not use it to promote a few products? Her current endorsements include Coca-Cola—she is the principal figure in one of its commercials—and L'Oreal, for whom she has signed a cosmetics contract to promote their products. We will also be able to watch this dangerous beauty perform in Gary Fleder's upcoming movie *Thieves*. She would also like to experiment with different film genres, such as comedies. She feels that what really matters is not so much the genre but rather the role itself: it has to have possibilities, along with a solid director, script and cast. If all of those things work, then the type of movie does not really matter to Lopez.

Jennifer Lopez has other plans for her future, too—and they do not include pleasing her adoring public or increasing box office sales. While her immediate focus is on expanding her career, her long-range plans include something very different— settling down and having children.

VI

A Seeker of Love

Jennifer Lopez has no lack of male admirers, but until now she has yet to find her soulmate. That could be due, in part, to the emphasis she has put on launching her career. Lopez continues to make the news, whether or not she is married, involved in a serious relationship or just spotted around town with some lucky man. While Lopez wants to be in love and admits "I'm an idiot when I fall in love," her thriving career has gotten in the way of more than one relationship.

Lopez was involved for ten years with boyfriend David Cruz. They had discussed marriage many times, but both agreed to postpone that step until Lopez had made certain accomplishments in her professional life. The couple lived together in Los Angeles, and Cruz traveled with Lopez whenever he could, even though this did not sit well with Jennifer's mother and her traditional values. Guadalupe Lopez belongs to a more traditional school of thought, and holds that a young woman should live at home with her parents until she falls in love and gets married. She neither approved of nor understood her daughter's relationship with Cruz. But she also knew that her daughter was headstrong and that she always did what she thought was best, like when she decided not to go to college in order to pursue an acting career, much to the dismay of her parents. This ten-year love affair ended in March 1996 when Cruz decided to move back to New York City and open a dry cleaning business. Lopez was not completely surprised by the breakup. She knew that her increasing success was hard for Cruz to handle, and she recognizes that this will probably be a problem with any man who wants to spend time with her. Particularly hard for Cruz was watching the woman he loved so deeply in romantic scenes with good-looking, powerful

Hollywood actors. Lopez told *Latina*, "It was hard for him. Sometimes he got insecure because I did love scenes with powerful men with lots of money. But it was my job to make it look as if that man were the only one in my life, and I tried to do that. Love scenes are just physical contact. Isn't that what guys have been telling women for years? Well, it's acting, okay?" Her talent as an actress in these love scenes, however, proved too much for Cruz, and it no doubt contributed to their breakup.

Shortly after Lopez's split from Cruz, she thought that she had found a man who would be able to accept this aspect of her life. Ojani Noa, a Cuban, had been working as a waiter in Gloria Estefan's Miami restaurant, Larios, a spot that Lopez frequented. Lopez fell in love with the aspiring model and businessman, and they were married just over a year later. Noa's proposal caught everyone—including Lopez—by surprise. At the wrap party for *Selena*, Lopez was dancing with Noa when he grabbed the microphone, fell to his knees and proposed to her right there, in the middle of the dance floor and in front of the entire party. Noa produced a large diamond ring from his pocket, much to Lopez's surprise and joy. Tearfully, and with onlookers shouting at her to "think about it," Lopez said yes.

They were later married in front of two hundred of their friends and family members. But Lopez's career seems to have gotten in the way, once again, of happiness in her love life. Just months after she married Noa, rumors were spreading that there was friction in the marriage and that a separation was imminent. Lopez denied these rumors, saying that her marriage to Noa was still very much intact. Their marriage eventually ended in divorce, just over one year after they met. The reasons seem to be clear, and again Lopez's career seems to be the culprit of her foiled love life. Lopez told *Cristina* magazine in July of 1998, "Many people criticized me for getting married so quickly. It's hard for such a macho man to accept that his wife earns more money than he does, that she wears sexy clothing, and that she does love scenes in films." This was so hard, in fact, that it made their relationship impossible. In an interview with *Alerta* magazine, Noa said that Lopez had told him it was over because she wanted to dedicate herself completely to her career, and for that she needed a certain calmness that would enable her to develop as an actress. Noa does not blame Lopez for pursuing her career, and in fact the two have remained good friends. Thanks to Lopez's fame, Noa was able to become a model and even get into the business world. He manages the Conga Room, a Latin club and restaurant in Los Angeles, of which Lopez is co-owner with Jimmy Smits and Paul Rodríguez. But once again, Lopez's growing stardom had gotten in the way of true happiness in her personal life.

Despite the difficulty in combining her career and her personal life, Jennifer Lopez has not given up hope. She knows that one day she will find that right man at the right time in her career to make it work. She likes strong, confident men: "a bit on the tough-guy side, but with a good heart," is how she summed it up in an interview she gave with *Manhattan File* magazine last summer. She also knows immediately what she does not like, and she has had to deal with many undesirable types who have tried to latch on to her. Lopez has a technique for losing these pushy guys: "Give him the shutdown vibe, the I'm-not-interested vibe. You need to have a vibe that says: 'Go away.'"

She admits to being very patient when it comes to men, and she does not act rashly. But once she loses her patience, she wastes no time in disposing of the relationship. She told *Details* magazine that she does not put up with any guy who does not treat her properly. Lopez immediately gets out of relationships like that, something she can easily afford given her tremendous appeal and popularity.

While the sexy Lopez has surely had to use her "go-away vibe" often, her list of admirers continues to grow, as does the list of men she dates. She has been linked to several men, including Tommy Mottola, Mariah Carey's ex-husband and President and Chief Operating Officer of Sony Music Entertainment, the label behind Lopez's debut album. Lopez has also been linked to Marc Anthony, in whose music video "No me ames" (You don't love me) she appears. She has also been linked to Joaquín Cortez, the flamenco dancer who previously dated supermodel Naomi Campbell. However, these rumors are unsubstantiated, and Lopez denies them outright.

Jennifer Lopez has also reportedly been seen, quite openly and affectionately, with music mogul and producer Sean

"Puffy" Combs, a.k.a Puff Daddy. The hip-hop mogul turned record producer now has his own successful record label, Bad Boy, which is primarily a hip-hop label but which has also signed a handful of R&B acts, such as Room 112. As if his top-selling albums and thriving record label were not enough, Puff Daddy is gearing up to expand into the world of film. He has signed a deal with Dimension Films to create his own movie company, which will be called, like his record company, Bad Boy Films.

If the Jennifer Lopez–Puff Daddy alliance is in fact true, it is not hard to understand the attraction. Both are ambitious, driven and eager to expand their talents into all areas of the entertainment world. Lopez and Puff Daddy have been spotted in various cities and at various events together. In Miami's South Beach, they were spotted—intimately—many times. According to one source, "They were all over each other and didn't care who saw." Their relationship is apparently well-known in music industry circles and reportedly has been going on for some time.

Jennifer Lopez has yet to confirm the rumors about her and Puff Daddy, but her attempts to deny the relationship seem to fall short for many. She readily admits a close friendship with him, but will not admit a romantic link. When asked about a relationship with Puff Daddy in an interview with *Details* magazine, she denied it, although the interviewer points out that her response was less than convincing.

Only time will tell if the Lopez–Puff Daddy connection is on or off and if Lopez will find a relationship that will allow her the freedom she needs to develop as an actress. Lopez has, however, learned one very important thing from her breakup with Noa: "My personal life has to remain just that, personal." She feels that some things must be sacred, and one of those things is her personal life. She continues to be a "seeker of love," as she calls herself, but it will be on her terms and according to her timetable.

In the meantime, Jennifer Lopez spends the little free time she has doing the things she loves most. She loves to shop—especially for nice clothes by Valentino or Prada, and high-heeled shoes. She loves to go to the beach and enjoy the fresh sea air on her face. So while she waits for her moment to become lucky in love (or decides when she wants that moment to be!), Lopez is enjoying the rewards of Hollywood stardom, and loving every minute of it.

VII

Body, Beauty, and Believing in Yourself

"I grew up watching true divas of the cinema like Ava Gardner, Rita Hayworth, Marilyn Monroe . . . I dreamt about being as glamorous as they were," the Puerto Rican actress recounts, and it seems that her dream has come true. The 5'6" beauty has captivated Hollywood with her natural, knock out looks and her unique sense of style and glamour. She was voted one of *People's* 50 most beautiful people in 1997, and is gracing the covers of magazines everywhere, including the April 1998 cover of *Vanity Fair*'s Hollywood issue, the August 1998 cover of *Shape* magazine, and the November 1998 cover of *Details* magazine.

"She has a tremendous amount of glamour, which I haven't seen in an actress in years," said *Selena* co-star Edward James Olmos. This is not going unnoticed, as magazines, cosmetics companies and major advertisers are clamoring to use Lopez's face to promote their products.

Jennifer Lopez's natural good looks and sensual nature are enhanced even more by her attitude, one of acceptance about who she is and how she looks. She is completely comfortable with herself and her body, something that radiates both on screen and off. More than once she has had to contend with comments about her body shape, but she is comfortable with herself, and she is not at all fazed by this. She told *Shape* magazine, "I was raised in the Bronx, where there were Puerto Ricans, African Americans, Italians and Asians. There was such diversity of beauty. I didn't grow up with the idea that being very skinny, you know, being a size 2, was great. The women in my neighborhood were voluptuous."

On several occasions, directors have discussed how to hide Lopez's behind in certain scenes or shots. Wardrobe people have also brought up her backside, wondering how to disguise her bigger feature. But there is no right or wrong in terms of body shape or size, and Lopez is proud of her figure. In fact, she thinks it ridiculous that some people in Hollywood consider her to be fat because of her large buttocks. She told *Mr. Showbiz*, "If you watch the films I've been in, you can see what my figure's like. It's not like you can hide it. But when I get in with the wardrobe designer, they're thinking, 'Let's see, she's looking a little hippy, she's got a big butt, what should we do?' They're always trying to minimize—put it that way—and it's because we see all those actresses who are so thin and white. Latinas have a certain body type. Even the thin ones, we are curvy. I've always had trouble with wardrobe people!" In fact, Lopez feels quite the opposite about her body. She is not ashamed that she does not fit the stereotypical Hollywood body; she takes every opportunity to accentuate her curvaceous body. And she does so to the delight of her adoring fans, who love to see the sexy Lopez in her stunning, curve-hugging dresses. And Lopez's figure seems not to be the liability that some Hollywood types have implied, but rather one more reason to watch this beauty in motion.

In fact, people are still talking about Lopez's appearance at the 1998 Academy Awards ceremony. The cameraman wanted to shoot Lopez from behind as she was making a presentation. The same thing occured the previous year, and the camera followed her from behind the entire time she was on stage. But Lopez does not seem to mind, as shown by the figure-enhancing clothes that she continues to wear and which continue to draw attention from all directions.

Hollywood seems to be loving this curvaceous and sexy look, a particularly Latina look, and one that has been overlooked and underappreciated. Lopez is doing her part to stick up for her culture by not giving in to the old stereotypes that surely would have had her on some crazy diet to make her body conform to the image that has dominated the industry for so long. Jennifer Lopez's confidence is a breath of fresh air in Hollywood. She is proving that beauty does not just mean white and skinny. She is bringing back the sense of glamour that characterized Hollywood back in the days of Gardner, Hayworth, and Monroe, when beauty and glamour were not equated with extreme thinness. The most beautiful

Latina actress in Hollywood is proving being proud of who she is, where she came from, and the body shape with which she was endowed, make her even more beautiful and more appealing than the typical image the public has lived with for so long. She is healthy in both mind *and* body, and *that* is what matters most.

Few can deny that Jennifer Lopez is striking, whether she wears a size 2 or not. Like most people, however, she has to be careful about what she eats and maintains an exercise regimen in order to stay so healthy and fit. She told *Shape* magazine, "I absolutely have to watch what I eat. And the activity I'm into depends on the season. There've been times when I was really into kickboxing. Other times it's running. Then there are times when it's the weight room. I believe you don't have to kill yourself to stay in shape."

Jennifer is fairly consistent about working out, and tries to do so four times a week. But she does not obsess about being as skinny as other Hollywood actresses. Her healthy attitude should be a lesson to many young women who try to fit into a certain image and who are unhappy for years because they never achieve that so-called "perfect" body. While we can't all look like Jennifer Lopez, we can learn how to be more beautiful by believing in ourselves and accepting ourselves the way we are. It works like a charm for Lopez.

Lopez's fashion sense only adds her already stunning figure and sultry looks. She purposely selects styles that will enhance her Latina body and wears them proudly, if not seductively. She is a devoted fan of designers such as Valentino, Prada and Halston. She also likes Badgley Mischka and Dolce & Gabbana. She has that luxury that few of us know: being able to get the clothes she wants, and when she needs them. As the hottest, sexiest and most sought-after Latina star in Hollywood, designers are vying to dress her for her public appearances. When Jennifer Lopez wears their clothing, people notice, and *that* is just what designers hope for. While this clothing may make Lopez look even more stunning than her own natural beauty already does, what makes her so sensational is that combination of beauty, a confident body image and strong belief in who she is—something altogether unique and very refreshing.

VIII

Jennifer–
A Role Model
Where There Was None

Jennifer Lopez never thinks of herself as a Latina actress—
she is an actress, period. Her goal is to play good, interesting
roles. For Lopez, race never really enters into the equation.
Perhaps this attitude and self-confidence are in part responsible, then, for the ease with which Lopez seems to be breaking
down those barriers to ethnic actors in Hollywood. She feels
very lucky every time she gets into an audition room and lands
parts that were not created specifically for a Latina actress.

But this was, and is, more than luck. Lopez has a remarkable ability to make others see her in a non-ethnic way. She
is so comfortable with herself and such a talented actress, that
on screen, she is more than merely Latina—she is a beautiful
and gifted young actress. Despite her success where other Latinas before her have failed, Lopez is aware that the problem
of stereotyping exists in the film industry. She has been cast
in parts that were specifically written for Latinas, but she does
not consider this to be stereotyping since she is, after all,
Puerto Rican and proud of her culture. But the battle to convince directors that she can handle roles not specifically written for Latinas is one worth fighting, and in this way Lopez
has made strides for her community like no one before her.
Lopez's goal as an actress has always been to play different
kinds of characters who represent different emotional ranges,
regardless of race. And this is exactly what Lopez has accomplished. She has managed to win non-Latina roles like no other
Latina actress before her has been able to do, and she has
played a diversity of characters representing a wide range of
emotions and personalities.

Lopez attributes her success in overcoming the traditional
Hollywood stereotypes to her hard work, dedication, and con-

fidence in her own abilities as an actress. In an interview with *¡Qué Linda!* magazine, she summed up her success: "I've been very lucky because you are considered for the Latino roles at first. But then, the options open up and they know I can handle different things and that being Latina has nothing to do with it." The progress she has made for her community in this way is only beginning. She is paving the way for other Latinos and daring them to follow her lead. Her advice to other Latino actors would be to forget the Latino stereotyping, to believe in themselves and to never give up. "You do get stereotyping. Playing prostitutes and drug dealers, that sucks. Just now, we're starting to get different kinds of roles that are not negative. So it doesn't matter any more. That's great!" Her optimism should serve as an inspiration to other Latinos.

Jennifer Lopez understands that along with her rise to stardom come some very heavy responsibilities, the most important of these being to her own community. She realizes that she is now being watched by many people and she wants to set a good example for Latinos and live up to the role model that she is. This is not a responsibility that Lopez takes lightly. Having grown up in a world in which there were no actresses with whom she could identify, Lopez knows just how important her new role is. The only actress that she remembers having identified with was Rita Moreno, whom she loved in *West Side Story.* "It was my favorite movie," she said, "and I wanted to be Rita Moreno." Apart from that recollection, Lopez had no one to model her life and dreams after.

Now Lopez serves as a role model for all the young Latinos who want to follow their dreams. She proves that hard work truly does pay off. Lopez is currently the highest paid Latina in Hollywood, and she is proud of this accomplishment as well. "I just feel that Latinos have been underpaid in every way long enough," she said in a 1996 interview with the *Los Angeles Daily News.* "So if it is true, then I'm happy about it. Especially in show business, if I can help further the Latino community in any way, I just feel proud to have the opportunity."

Lopez's dedication to her community and her pride in her Puerto Rican heritage are very visible. She revels in the admiration that she has awakened in the Hispanic public. She told *Vista* magazine, "I think that I am becoming increasingly well-known and it makes me happy that the public recognizes me as a Latina actress, because they see that I am doing good work and the Hispanic community claims me as one of theirs. I like that. It's a good thing." So as Lopez continues to dazzle Hollywood with her beauty, talent and charm, she also continues to believe that with a fierce and steadfast belief in yourself, you can go as far as you want. She readily admits that Latinas are sexy in general, and therefore are a good fit for certain roles of a more sensual nature. But Lopez is not worried about having to spend her career playing only this type of seductive role. "I am not worried about stereotypes," she says. "Sexy is not all that I am."

IX

Jennifer's Secrets to Success

At the young age of twenty-nine, Jennifer Lopez already has a career that is the envy of most actresses. Her rise to the top has included working with some of Hollywood's sexiest leading men and most talented and celebrated directors. Her beauty graces magazine covers and we can also find the gorgeous Lopez promoting some very well-known products. And she knows that she's got a good thing. She is amazed when she stops to think about the stars who she has worked with, like Jack Nicholson, Francis Ford Coppola and Sean Penn. She considers herself very fortunate. In an interview with *¡Qué Linda!*, she even said, "Any actress would kill to be in my position. I'd kill to be in my position if I weren't."

It was not sheer luck or good timing that have placed Lopez on center stage in Tinseltown. Jennifer Lopez herself is responsible for her accomplishments, which have come after many years of hard work. Her competitive spirit is well-known. She is not a pushover on any account, and what she wants she usually gets. Lopez's fun-loving personality, combined with her drive and ambitious nature, have been the key factors behind her success in a world that historically has been all but closed to Latino actors. She readily labels herself as ambitious and confident, and this is evident on first sight. She is instantly comfortable with those around her, something especially astonishing considering her relatively new star status. For example, Lopez presented an Oscar at the Academy Awards ceremony, and was one of the young actresses who actually behaved as if she belonged there. She radiates such confidence that she convinces even the most veteran actors that yes, she does indeed belong. After the ceremony had ended she was backstage with actors like Alec Baldwin, Robert De Niro, Whoopi Goldberg, Sharon Stone, Warren Beatty and Jack Nicholson. She recalls, "When I first walked in, I walked back out—I was like, 'Oh my God, that is a *room* right there.' I composed myself and walked back in." She surmounted that fleeting moment of intimidation, just as she has surmounted so many obstacles to get where she is today.

There was only one way for Jennifer Lopez to get where she wanted to go, and that was by being aggressive, persistent, believing she could do anything she wanted to do, and competing with the best. It was also important for Lopez to learn how not to let the occasional rejection hinder her determination and drive. For Lopez, it was all about "showing up at auditions for parts that interested you and forgetting about the times you were not chosen. That is how you get good roles." Lopez calls that "acting logically."

It is precisely Jennifer Lopez's aggressive self-confidence and determination, however, that have led some to misjudge her, and Lopez has had to fight back, explaining herself and defending her misinterpreted words. Lopez's outspokenness and confident attitude were captured in an interview in the February 1997 edition of *Movieline* magazine. In this now-infamous interview, Lopez talks openly and honestly about some of her fellow Hollywood actresses, and she was subsequently deemed "difficult" by the media. When asked about Gwyneth Paltrow, Lopez responded, "I swear to God, I don't remember anything she was in." About Winona Ryder, Lopez said, "I've never heard anyone in the public or any of my friends say, 'Oh, I love her.' " And when asked her opinion of Cameron Diaz her reply was, "A lucky model who's been given a lot of opportunities."

The fallout from the interview was very upsetting for Lopez. Her comments were not meant to trash her fellow actresses, and she feels she was misunderstood. Lopez was merely speaking honestly and spontaneously, and in no way meant to imply that these actresses were not talented. She wrote letters of apology to all in which she explained her position and admitted to having lost many nights of sleep over the incident that had led to her being wrongly and unfairly characterized.

Lopez recognizes that it was probably her ambition and confidence that landed her in that predicament, but it is those same qualities that have helped her achieve what she has in Hollywood today. But she was bothered by the insinuation in the *Movieline* article that she was not a nice person. Lopez has struggled for years to achieve Hollywood stardom, and her matter-of-fact approach and manner are part of her driven nature and determination. Lopez found out the hard way that success does not come easily—it is something that must be fought for. While she hopes that her image will not suffer any more misinterpretation, she forges ahead undaunted, still striving for greater accomplishments.

While Lopez is still pinching herself to make sure that she is not just dreaming, she continues to move full-speed ahead with the same ambition and perseverance that are responsible for the success she enjoys today. It is precisely this belief that sets her apart from other actresses: the idea that she can do whatever she sets her mind to, get any part she wants, compete with the most beautiful and talented actresses and not be held back because she is Latina. She is a role model not just for Latinas but for women everywhere—proof that self-confidence and determination really do make a difference—proof that dreams really do come true.

"I'm always saying, 'Look at how beautiful it is today. Look at the sky! Smell the air! You can't take life for granted." Jennifer Lopez takes nothing for granted. She loves her celebrity status and plans on making even greater strides in the near future, both personally and for her Latino community. Lopez has made a lasting mark—changing the perception of Latina actresses in Hollywood, and in the rest of the world as well. Her unique blend of beauty, talent, drive and confidence have made her the hottest commodity in the film industry, and that will soon be true in the music industry as well. She is good, and she knows it. She does not hesitate when she tells *Vida Sábado*, "I am the best. I feel like I can do anything, any kind of role. I am not afraid of anybody."

Somewhat arrogant? Maybe. But who can fault her for feeling this way when it has catapulted her to the top in one of the toughest and most competitive industries around? And being Latina—when even more odds were stacked against her—makes her achievement even more remarkable.

She has been careful to keep a check on her ego as her career has heated up. She depends on her assistant to give her reality checks, to prevent all the attention and celebrity from going to her head, and to make sure that she does not get crazy. She knows all about the trappings that fame and money can bring. Yet, while she is careful not to get carried away by her success, she also knows that she cannot stop living because of it. Her attitude will not change just because she has become famous.

Confidence and belief that she could excel, even in an industry not particularly noted for being generous with Latino actors—this is what sets Jennifer Lopez apart from the rest. Lopez's culture has remained a source of great pride for her, and she will continue to champion the cause of Latino actors as her career advances. She is in a great position to do so now, as all of Hollywood—and the world—seem to be listening. Jennifer Lopez is a breath of fresh air in Hollywood, a delight both on screen and off. And most importantly, she is a credit to her people and to her community. She may have "crossed over" and broken through the barriers, but this captivating Latina is just that—Latina through and through. "I'm Puerto Rican and will be until the day I die. When I get angry, I still yell. When something touches me, I still cry. I will always be a Latina. That's just me."

X

Trivia Tidbits

1. Jennifer is a Leo, born on July 24, 1970.

2. Rita Moreno had the biggest influence on Jennifer when she was growing up.

3. She would like to play Anita or Maria in a new version of *West Side Story*.

4. As a little girl, Jennifer wanted to be a singer and/or a dancer.

5. As a teenager, Jennifer admired the music and style of Madonna.

6. Jennifer loves Latin music and any music with a Latin flavor.

7. At one time Jennifer planned to be a hairstylist.

8. She spent her honeymoon with Ojani Noa in Key West, relaxing and watching sunsets.

9. Jennifer Lopez is currently the highest-paid Latina actress in Hollywood.

10. Jennifer appears in Marc Anthony's new music video for his single "No me ames" (You Don't Love Me) shot in Mexico City. He returns the favor by singing a duet with her on her debut album.

11. Jennifer Lopez's family is from Ponce, Puerto Rico.

12. The hardest thing for Jennifer after she moved from New York to Los Angeles was losing her Bronx accent.

13. Jennifer still gets nervous when she starts a new project.

14. Jennifer's favorite designers include Dolce & Gabbana, Prada, Halston, Valentino, Giorgio Armani and Badgley Mischka.

15. Jennifer loves to go shopping, especially for shoes.

16. One of Jennifer's remaining goals is to win an Oscar.

17. Jennifer Lopez is a hopeless romantic and says that she is "an idiot" when she falls in love.

18. "You learn more by observing people than by asking questions," Jennifer Lopez has said.

19. "When I look to the future, I don't see the pinnacle of what I'll reach, I see this endless hallway," Jennifer Lopez has said.

20. Fans can write to Jennifer at:

> United Talent Agency
> 9560 Wilshire Blvd. Suite 500
> Beverly Hills, CA 90212
> U.S.A.

XI

Timeline

1970

July 24

Jennifer Lopez is born in the Bronx, New York.

1988

Jennifer decides not to attend college, to pursue a career in dancing. Soon after, Lopez lands a spot on a five-month European Tour of *Golden Musicals of Broadway*, which led to a Japanese tour of *Synchronicity*.

1991

Lopez auditions to be a Fly Girl on Fox's hit comedy "In Living Color." She beats out 2,000 other contenders in a nationwide competition.

1993

Lopez appears in a music video for Janet Jackson's hit "That's the Way Love Goes."

1993- 1995

Lopez appears in the following short-lived series: "South Central," "Second Chances," "Malibu Road," and "Nurses on the Line: The Crash of Flight 7."

1995

Lopez shifts from the small screen to the big screen, landing the role of María in Gregory Nava's multi-generational saga, *My Family/Mi Familia*.

1995

Lopez teams up with Wesley Snipes and Woody Harrelson in Joseph Ruben's film *The Money Train*.

1996

Jennifer Lopez lands a supporting role in Francis Ford Coppola's *Jack*.

1997

February 22

Jennifer Lopez marries the Cuban waiter Ojani Noa.

1997

Lopez plays Jack Nicholson's Cuban mistress, Gabriella, in Bob Rafelson's *Blood and Wine*.

1997

Jennifer Lopez proves her versatility as an actress in the adventure film *Anaconda*.

1997

Lopez is chosen by Oliver Stone to appear in his film *U-Turn*.

1997

Lopez becomes a household name with her portrayal of the slain singing sensation Selena in *Selena*.

1998

March

Jennifer Lopez is a presenter at the Academy Awards ceremony.

April

Lopez graces the cover of the *Vanity Fair* Hollywood issue.

June

Jennifer Lopez and Ojani Noa divorce.
Jennifer Lopez and George Clooney heat up the big screen in *Out of Sight*.
Lopez breaks into the endorsement world and signs contracts with Coca-Cola and L'Oreal.

August

Lopez appears on the cover of *Shape* magazine.
Lopez films a music video with Marc Anthony for his latest single "No me ames" (You Don't Love Me).

November

Jennifer Lopez adds one more magazine cover to her list when she is featured on the cover of *Details* magazine.

1999

June

Jennifer Lopez's debut album is released by Sony.

XII

Jennifer Lopez Online

Fans can consult a number of websites for the latest information on Jennifer Lopez. There are too many sites to list, but the following websites are particularly good and contain both current and historical information. Be sure to surf the Net for the many other sites which include much more information and many more images of Jennifer Lopez.

1. www.celebsite.com

Jennifer is listed on the first page as one of Hollywood's top female stars. Click on her name for biographical information as well as acting credits and interviews.

2. www.mrshowbiz.com

Lots of good information including a filmography, a photo gallery, gossip and more.

3. www.eonline.com

Reviews of movies starring Jennifer Lopez.

4. www.hollywood.com/movietalk/celebrities/jlopez

Audio clips of Jennifer speaking about her movies, her co-stars, her love life, her album and much more. Hear it in her own words!

5. www.thundersearch.com/JenniferLopez/update.htm

Look here for the latest interviews and news on Jennifer.

Jennifer with George Clooney in *Out of Sight*.
(© CORBIS)

Looking radiant at the MTV Movie Awards
in California. (© PACHA/CORBIS)

Backstage at the 70th Annual Academy Awards.
(© PACHA/CORBIS)

**Arriving with ex-husband, Okani Noa, at
the Golden Globe Awards.** (© PACHA/CORBIS)

A stunning Jennifer shows off her fabulous figure.
(© PACHA/CORBIS)

Jennifer with fellow actor, Ice Cube, in *Anaconda*.
(© CORBIS)

Jennifer with Wesley Snipes in *Money Train.*
(© PACHA/CORBIS)

In her breakthrough role in the movie, *Selena*.
(© JOE GIRON/CORBIS)

6. **http://members.tripod.com/~alfonso05/index.html**

More articles on Jennifer Lopez movie reviews, images and many other links.

Agradecimientos

Me gustaría reconocer a las siguientes personas por su importante contribución a la realización de este proyecto:

Gracias a Matthew Shear, director de St. Martin's Paperbacks, por su fe en el valor de esta serie de biografías bilingües, y a Glenda Howard por su entusiasmo, lo cual ayudó a convertirla en una realidad.

Gracias, también, a Francheska Farinacci por su duro trabajo de traducción y a Katherin Schlenzig por su ayuda en las investigaciones.

Gracias a Mercedes Lamamie por sus adiciones al último momento.

Y a mi agente, Laura Dail—es un placer colaborar contigo—gracias una vez más.

Indice

I

No fue hasta 1997, con el estreno de la película *Selena*, que Jennifer López se convirtió en un nombre conocido. Parece algo difícil de creer, puesto que tan sólo dos años después se haya convertido en la actriz latina más popular, más buscada y con el salario más alto de todos los actores latinos de Hollywood. Su belleza natural, su talento, su diligencia y su encanto coqueta le han logrado muchos papeles, portadas de revistas, y puestos de portavoz con las que solamente soñaba de niña. Pero para todos aquellos que conocían a Jennifer antes de su interpretación de la sensación tejana, la cantante Selena, en la película *Selena*, ella no es ningún éxito de la noche a la mañana. A todo momento sabía lo que quería, y después de muchos años de luchar, finalmente está consiguiendo lo que tanto anhelaba. Ahora es una estrella, de renombre internacional, y hoy tiene el lujo de escoger entre las mejores oportunidades, las que hoy en día son bastantes. Jennifer lo encuentra hasta gracioso cuando oye que su llegada al escenario de Hollywood es considerada un triunfo repentino. Después de haber trabajado casi constantemente desde la escuela secundaria, su fama no puede describirse como repentina. Lo que sí es nuevo es que ahora recibe la atención de la prensa y de los demás medios que tanto merece. En vez de ser un triunfo de la noche a la mañana, es un ejemplo del sueño americano realizado.

Dos razones fundamentales por las cuales los sueños de Jennifer López se hayan hecho realidad son su perseverancia y su rechazo de ser rechazada. Ella no hizo caso de los prejuicios anti-hispanos que hay en Hollywood: se veía a sí misma como una actriz y no exclusivamente una actriz latina, e iba a todas las audiciones que podía, para que los directores se dieran cuenta de ella.

"Desde el día que comencé en esta industria", Lopez le dijo a la revista *Vista* en su edición de junio de 1998, "no me consideraba una actriz latina nunca, piensas en ser actriz. El hecho de que mi carrera ahora se vaya en esa dirección es algo que me hace sentir muy orgullosa porque de no ser así , me sentiría muy frustrada".

Su actitud positiva y su fe en sí misma le han facilitado cruzar las barreras étnicas, consiguiendo papeles que originalmente no habían sido creados para actrices latinas. De esa forma Jennifer sirve de modelo excepcional para la comunidad latina. Mientras reconoce que su éxito en romper las barreras étnicas puede deberse, en parte, por suerte, sabe que su fe en su propio talento como actriz y su determinación en lo que estaba haciendo, son las razones principales por las cuales está donde hoy está. En un mundo tan competetivo como el del espectáculo, la determinación y la ambición son ventajas valiosas—si no requisitos—si uno quiere sobresalir en Hollywood. López tiene las dos cualidades, lo cual le ha facilitado a tener éxito cuando muchos han fracasado.

De hecho, lo más notable de López, además de su hermosa cara, y su cuerpo y forma de ser sexy, es su impulso para triunfar y para ser notada. Esta extrema ambición y naturaleza competitiva le han ayudado a ganar papeles con algunos de los galanes más atractivos de Hollywood. Pero no está satisfecha a sentarse y descansar en la fama que ha recibido. Ni todavía piensa que haya "llegado". Señala que en el mundo artístico uno nunca puede predecir qué cambios o vueltas habrán en la opinión del público, pero su determinación la ayuda a mantener todo en foco. Su tenacidad y el deseo de lograr cosas cada vez más grandes forman una parte fundamental de su éxito. López también admite que quiere ganar un Oscar, lo cual, si continua así, no debe de estar muy lejos en el futuro.

Aunque Jennifer López disfruta de la atención de Hollywood—más ofertas de películas, portadas de revistas, negocios para promover productos, y toda la prensa que naturalmente acompaña todo esto—no descansa. Ahora está entrando al mundo musical, grabando su propio álbum y haciendo lo que más ama—cantar. Ella se ve como una artista entera que lo puede hacer todo, algo que está determinada a probar ante los públicos americano e internacional. Quiere ser la mejor, *no* solamente otra cara bonita. Para poder hacerlo sabe que todo el trabajo que ha dedicado a su carrera tiene que seguir en marcha. Le dijo a la revista *Cristina* en julio de 1998, "Hay que continuar luchando por lo que uno quiere. No me gusta que me sirvan las cosas en una bandeja . . .".

Ahora en la cima de su carrera y con su teléfono sonando noche y día con ofertas de todo tipo, Jennifer López todavía se siente como esa niñita del Bronx . "Cuando abro los ojos por la mañana" le dijo a *Vanidades Continental,* "todavía soy la misma chica que creció en el Bronx, con la cabeza llena de un sinfín de sueños. Todavía despierto pensando en todo lo que quiero alcanzar . . . sintiendo que no puedo detenerme . . . que tengo que ganar un Oscar . . . hacer mejores películas . . . cantar en grandes escenarios . . . Todos los días despierto con esa ansiedad". Y los admiradores de Jennifer López seguramente esperan que continúe a soñar, dada su habilidad de realizar sus sueños.

II

Un Comienzo Ambicioso

Desde que tenía cinco años de edad, Jennifer López sabía que quería ser una estrella. "De niña, lo único que quería era ser bailarina y cantante," dijo López en una entrevista con la revista *Shape* en agosto 98. Nacida bajo el signo del zodiaco del Leo, ella llegó al mundo el 24 de julio de 1970 en el Bronx en Nueva York.

Aunque sus padres son puertorriqueños viviendo en los Estados Unidos, tal como sus dos hermanas Jennifer se considera puertorriqueña, y está extremadamente orgullosa de su cultura hispana. Su padre David López, un especialista de computadoras y su madre, Guadalupe López, una maestra en un jardín infantil, reconocieron desde una muy temprana edad el talento y el entusiasmo que tenía su hija para actuar. A los cinco años, empezó clases de baile. Después vinieron las clases de ballet, jazz, piano y teatro clásico, todo a la misma vez que recibía una educación católica tradicional en la escuela Holy Family (Sagrada Familia). Su entrenamiento en baile también incluyó ser parte del Ballet Hispánico, donde bailaba flamenco, ballet y jazz.

Guadalupe, la madre de Jennifer, le dijo a *Vanidades Continental,* "Siempre quería cantar, pero también era actriz natural. Yo siempre sabía que Jennifer tendría un futuro muy próspero. Desde chiquita estaba actuando, viviendo en su propio mundo. Yo sé que va a combinar con éxito sus talentos. Es una persona especial".

El apoyo y el ánimo de sus padres criaron una niña sensible y bien cariñosa con su familia. De hecho, cuando Jennifer recibió el cheque de un millón de dólares por su papel en la película *Selena* dirigida por Greogry Nava, le regaló un Cadillac a su madre. El regalo le fue una sorpresa para su madre, y Jennifer la llevó con los ojos tapados hasta la puerta del coche nuevo, decorado con un enorme moño rojo. Pero aunque sus padres creían en el talento de su hija a la tierna edad de cinco años, la relación entre ellos no era siempre una de comprensión y apoyo.

Como una joven, Jennifer López se acuerda que la ropa que llevaba era bien ''hip-hop'' y ''muchachil'', como pantalones pegados y botas. Después apareció Madonna y Jennifer admiraba su estilo. A la medida que López experimentaba con diferentes estilos de moda, empezó a notar que su pasión por ser artista venía antes de todo.

Su decisión de no ir a la universidad les resultaba a sus padres una gran desilusión. Mientras apoyaban su deseo para una carrera en *show business*, ellos no querían que lo buscara a cambio de su educación. López le dijo a la revista en la Web *Eonline*, ''Cuando les dije a mis padres que no iba a ir a la universidad ni a la escuela de derecho—lo cual era una meta bien alta para una persona de mi mundo, aunque una meta alcanzable—ellos pensaron que era bien descabellada la idea de ser una estrella de cine. Ninguna latina hacía eso—les parecía una idea estúpida, insensata y riesgosa a mis padres y toda la gente que me conocía. Fue una lucha desde el principio''. Pero se llevó la palma tras aquella lucha y ahora sus padres figuran entre sus apoyantes más fieles. Mientras es cierto que las acciones de Jennifer iban en contra de los valores tradicionales de sus padres, su éxito es la prueba de que Jennifer podía confiar en sus propios instintos. Y sus padres, quienes por una temporada no comprendían sus decisiones, ahora se alegran de todo lo que ha conseguido su hija.

Su decisión inicial de no ir a la universidad fue motivada por su deseo de perseguir una carrera en el baile. La decisión dio lugar a muchos enfrentamientos en la casa de los López, y un día en el medio de una discusión Jennifer se marchó de la casa y nunca regresó. ''Tenía que forjar mi propio camino'', dijo. Inicialmente ella vivió en el estudio de baile en Manhattan donde practicaba. Después de unos meses alquiló un departamento con unas amigas en el barrio de Hell's Kitchen.

Al principio aspiraba bailar en Broadway, pero después, ''Hammer salió con [la canción] 'U Can't Touch This', y desde entonces todas las audiciones se tornaron 'hip-hop'. Yo era buena en eso, y ellos estaban como 'ooh una chica de piel blanca que puede hacer eso. ¡Perfecto, contrátala!' '' López le dijo a la revista *Mirabella*.

Eventualmente López encontró un trabajo ''estable'' en una gira europea de cinco meses para la obra teatral *Golden Musicals of Broadway*, con escenas de las mejores obras musicales de Broadway. Eso le condujo a una gira japonesa para la producción teatral *Synchronicity*, y después algunas apariciones en varios videos musicales, incluyendo el video musical para la canción ''That's the Way Love Goes'' de Janet Jackson en 1993.

López reconoce su buena fortuna en aquellos primeros proyectos, y mientras hacía videos musicales y conseguía un poco de trabajo como bailarina, ella nunca tuvo que hacer nada que la hiciera sentir incómoda en pos de entrar al mundo artístico. En una entrevista con *Latina*, López dijo, ''Nunca tuve que ser una bailarina 'go-go', gracias a Dios. Muchas muchachas lo hacían pero es una trampa. Cuando empiezas a ganar $500 por noche, es bien fácil decir 'qué importa si me quito el sujetador?' '' Pero mientras López estaba consiguiendo trabajos de baile y videos, ansiaba hacer una transición importante, una que eventualmente la conduciría hacia su ''descubrimiento'' y su ascenso hacía el estrellato y su título como la actriz más popular de Hollywood.

III

La Gran Oportunidad

Jennifer López sabe que todo depende de la audición, de ser visto lo más posible—pero también tiene que ver con la suerte. "Todo se trata de la audición", dijo en una entrevista en 1996 a *¡Qué Linda!*, "y esperando que alguien te de una oportunidad. Tienen que ver algo en tí, y tienen que ver algo para que te ofrezcan un trabajo. Tienes que construir una casa para que la gente pueda entrar."

Su filosofía dió en el blanco cuando ganó un concurso nacional de más de dos mil actrices para el papel de una de las "Fly Girls", las bailarinas de la comedia televisiva de FOX, "In Living Color". Mientras López estaba alegre de haber ganado, no estaba tan entusiasmada con el papel en sí. Estaba tratando de dejar atrás el baile y hacer su entrada en el mundo de la actuación. Ella comunicó sus intenciones al productor de la serie, Keenan Ivory Wayans, quien la convenció a aceptar el trabajo con un salario que no pudo rechazar. La oferta, que era relativamente baja según las normas de Hollywood, era más de lo que su padre ganaba y seguramente más que ella ganaba entonces. Wayans también aconsejó que hiciera el show por dos temporadas y que después se moviera adelante. López recuerda "El me dijo, 'tendrás más dinero y más experiencia.' " López le agradeció y valoró sus consejos; es una que confía en sus agentes con las decisiones más importantes. "A veces es bueno pedir una opinión de alguien aparte". Una de las opiniones que ella respeta es la de su manager, Eric Gold, a quien conoció en 1991 cuando él co-producía "In Living Color". El se acuerda de su primera impresión de López: "Había una confianza inquebrantable en Jennifer. Sin dudas, sin miedos. La niña sencillamente lo tenía".

Entonces se convirtió en una Fly Girl bajo la dirección de

la coreógrafa, Rosie Pérez. La relación entre López y Pérez no era una de paz y armonía, y la tensión surgió pronto. Parece que Pérez era extremadamente exigente, hasta tal punto que Jennifer se sintió injustamente criticada. Si con esta "atención extra" Pérez quería ayudarle a Jennifer o no, el resultado de su colaboración fue positivo, y con el tiempo se han hecho mejores amigas. Hoy, Jennifer admite que el show fue una gran experiencia para ella y que era "hip y cool", pero también recuerda que el tema de las Fly Girls no le importaba mucho, ya que lo que ella quería hacer era actuar, no bailar. Mirando atrás, sin embargo, su papel de Fly Girl fue su gran oportunidad.

Para aceptar el papel como una de las Fly Girls, Jennifer López tuvo que mudarse a Los Angeles. Este paso fue probablemente tan importante como el de integrarse al show, porque la llevó a Hollywood y la puso en una posición mejor para poder conseguir otros papeles. López recuerda que una de las cosas más difíciles para ella cuando se mudó a Los Angeles, "fue quitarme el acento del Bronx". Nunca pensó que se quedaría en Los Angeles. Siempre pensaba que iba a regresar a la coste del este de los EE.UU. Miami hubiera sido su opción preferida, pero, "alguna oportunidad, alguna posibilidad, siempre me mantuvo acá".

Después de dos temporadas en el show, López consiguió la oportunidad que la ayudaría hacer la transición que tanto deseaba hacer. Una de las Fly Girls estaba casada con un productor que veía el show "In Living Color" y se impresionó por López. El estaba escribiendo y produciendo una serie para el canal FOX llamado "South Central", y le llamó a López para que hiciera una audición para el show. Acabó contratando a López en un papel regular como el personaje Lucy, quien trabajaba en un mercado. Desafortunadamente, el show no duró mucho tiempo y no revolucionó la carrera de López. Pero. sí la condujo a su papel en "Second Chances," una serie de CBS protagonizada por Connie Selleca y Megan Fallows. Esa serie duró solamente una temporada pero el personaje de López (Melinda López), fue tan popular que lo trasladaron a otra serie del productor televisivo Aaron Spelling llamada "Malibu Road." Esta serie también fracasó en los rankings pero dio paso a otras apariciones en la televisión, incluyendo "Nurses on the Line: The Crash of Flight 7."

Mientras sus apariciones de televisión no fueron tan me-morables y no le convirtieron a López en una estrella, son lo que la pusieron en Hollywood y lo que la condujeron a su primer papel cinemática. Para muchos ella todavía era una desconocida, pero esta trabajadora y ambiciosa actriz tenía muchos años de experiencia detrás de ella, y por fin estaba recibiendo un poco de la atención que merecía.

Su primera película, *My Family/ Mi Familia*, resultó ser todo lo que necesitaba para poner en marcha las ruedas de una carrera cinematográfica. En una entrevista con el periódico *Toronto Sun* ella dijo, "las cosas empezaron a moverse entonces, aunque han sido muchas las veces que he ido a las audiciones sin conseguir papeles. No ha sido todo de color de rosa. Pero sí, he tenido suerte en las cosas que he conseguido".

Pero aquellos que son íntimos amigos de López, y López misma saben que no fue pura suerte. López no era "un éxito de la noche a la mañana" en el sentido de la frase porque ha escogido sus papeles y proyectos muy cuidadosamente, siem-pre pensando en el impacto que cada uno tendría en el futuro. En vez de escoger sus proyectos por puros motivos económ-icos—que seguramente le tentaba cuando estaba ganando muy poco—López escogió los papeles que mejorarían su carrera. Sus cuidadosas decisiones ya estaban asegurándole una larga carrera bajo las luces.

IV

Su Lanzamiento Como Estrella

"Encontrar tu entrada es la parte más difícil. He tenido suerte porque en cierto sentido fui escogida. Si no tienes esa suerte pues la parte más difícil es entrar''. Consiguiendo su primer papel en la película *My Family/Mi Familia,* en 1995, la subida de Jennifer López hacia la cima empezó. La película, coprotagonizada por Jimmy Smits y dirigida por Gregory Nava, cuyas anteriores películas incluían *El norte,* que fue nominada para el Oscar, es una saga de tres generaciones de una familia de inmigrantes mexicanos viviendo en los Estados Unidos. Se desarrolla durante los años 20, cuando la familia llega a California, hasta sus luchas en la actualidad en los Estados Unidos. El guión, el elenco y el rodaje con un presupuesto tan limitado hacen que esta película sea un ejemplo del que la comunidad hispana puede estar orgullosa.

My Family/Mi Familia empieza en la década de los 20, cuando un hombre llamado José Sánchez (interpretado por Jacob Vargas) sale de México rumbo a California, con la intención de viajar a Los Angeles, donde tiene un pariente. Piensa que tardara un par de semanas, pero el viaje dura todo un año. Una vez en Los Angeles, decide que se va a quedar y consigue un trabajo de jardinero en un barrio de anglos. Pronto conoce a la mujer que muy pronto será su esposa, María (interpretada por Jennifer López), que trabaja de niñera. Se casan, tienen dos hijos y mientras está embarazada con su tercer hijo, es obligada a volver a México por las tropas del Gobierno, al igual que miles de mexicanos-americanos. María y su tercer hijo luchan por regresar a California para estar con su familia. La acción continua a lo largo de las próximas décadas, hasta los 80. Conocemos a los diversos miembros de las tres generaciones y seguimos su trayecto de vida. En las escenas rodadas en las décadas posteriores, el personaje de López está interpretado por Jenny Gago.

López está muy bien acompañada en su primer largometraje y las estelares interpretaciones tienen su apogeo con la de Jimmy Smits. Interpreta el papel de un hombre profundamente trastornado que rehusa a creer que la vida consiste de solamente dolor y sufrimiento, ye es una actuación que debe servir de inspiración a los artistas latinos. Jimmy (Jimmy Smits) se casa con Isabel (Elpidia Carrillo) para salvarla de ser deportada. Para Jimmy, es un matrimonio de conveniencia y supone que tan pronto que puedan se divorciarán. Pero para Isabel, el matrimonio es un compromiso que debe ser respetado. Con el tiempo su unión se convierte en una relación de amor en la que comparten sus sufrimientos y pérdidas.

Mientras que el estreno cinematográfico de López fue en un papel secundario, interpretando a la joven María, era todo lo que necesitaba para llamar la atención de la industria y del director. Tanto el talento como la dedicación al papel de Jennifer le impresionaron a Gregory Nava. El papel exigía que Jennifer hiciera varias escenas dramáticas, las cuales hizo con elegancia y facilidad.

Su versatilidad como actriz ya se estaba haciendo notar. Nava recuerda una escena en la cual el personaje que López interpretaba tuvo que atravesar por agua casi helada, de 38 grados. "Ella se tiró en esa agua fría cada día durante tres días y salió sin una queja. Son muy pocas las actrices que son tan heroicas y valientes. Ella va a ser una gran estrella."

THE MONEY TRAIN (1995)

En la película de Joseph Ruben, *The Money Train*, Jennifer López colabora con Woody Harrelson y Wesley Snipes, quienes interpretan dos hermanos adoptivos quienes trabajan para la policía de Nueva York (NYPD) como policías de tránsito, que trabajan clandestinamente en el metro. López también hace el papel de una policía clandestino, Grace Santiago. Su personaje se convierte en el el deseo amoroso de ambos hermanos.

Cuando buscaba la actriz que hiciera el papel de Santiago, el director Joseph Ruben estaba buscando una mujer sexy que pudiera volverles a los dos policías locos. Y en López encontró precisamente eso. "Eso me importaba mucho, ese elemento le daba un foco a la película con una especie de competición sexual entre los dos hombres", Ruben le dijo al *Toronto Sun*. Cuando le preguntaron por qué escogió una latina para el papel de la policía femenina, respondió, "Por qué no? El papel no exigía una raza específica." López, sin duda, logró convencérselo a Ruben durante su audición.

Como con todos sus otros papeles, Jennifer hizo tanta investigación como podía sobre su personaje para poder darle el retrato más fiel posible. Salió con policías de tránsito para ver en carne propia cómo es su trabajo, y también habló con mujeres policías para saber cómo son tratadas por sus compañeros. Sus investigaciones la hacen sentirse más segura de su interpretación. También se sintió muy segura con la relación que tuvo con sus co-estrellas. Todos se llevaron bien y eso ayudó a que el rodaje fuera más facil.

Un nuevo desafío para Jennifer en *The Money Train* fue su escena de amor con Wesley Snipes. No se preocupaba en ningún momento que la escena iba a causar controversias entre sus admiradores. Jennifer estaba tan cómoda con ambos que ni pensó en ello. No le importaba con cual actor hiciera la escena. Pero mientras no estaba preocupada con *quién* iba a hacer la escena, sí se preocupaba por *cómo* la iba hacer. Siendo criada en la tradición católica, este tipo de escena en sus películas era un desafío directo a la moralidad con la que fue criada de niña. Se dio cuenta de que su madre, sobre todo, no aprobaría. Su madre no podía ver a su hija en esa escena. "Es bien difícil ver a Jennifer en esas situaciones," ella dijo.

Las reseñas de la película estaban lejos de fantásticas. López, sin embargo, "salió como una rosa". No sufrió ningún daño por las críticas negativas de la película. Las reseñas de su papel en particular, de hecho, fueron bastante positivas, y si no la ayudaron avanzar en su carrera, tampoco la hicieron daño.

JACK (1996)

Entre las muchas personas que se dieron cuenta de Jennifer en su debut cinematográfico en *My Family/Mi Familia* estaba

Francis Ford Coppola. López sabe que aunque llame la atención en una película, son sus audiciones lo que más cuentan— son su oportunidad para distinguirse de sus contrincantes. Sigue teniendo que competir para sus papeles y no toma nada por concluido. Cuando le preguntaron qué es lo que ella cree que impresiona a los directores como Coppola ella respondió, "Se trata de controlar las emociones, ¿sabes? Cualquier persona puede gritar, cualquier persona puede llorar. Se trata de estar en el momento y hacer lo que te sale naturalmente." Es probable que le costara controlar esas emociones cuando le ganó a Lauren Holly y Ashley Judd y consiguió el papel secundario de la maestra de quinto grado de Robin Williams en la película *Jack* de Francis Ford Coppola.

La película cuenta la historia de un niño, Jack, que está creciendo cuatro veces más rápido que un niño normal (así que cuando tiene diez años, parece tener cuarenta). Jack tiene diez años cuando va a la escuela por la primera vez. Empieza a enamorarse de su atractiva maestra latina, interpretada por Jennifer López. A López le encantó colaborar con el muy talentoso Robin Williams. También gozó de interpretar el papel de una maestra, un papel que no le fue totalmente extraño a López, ya que su madre y su hermana son profesoras.

Francis Ford Coppola es mejor conocido por dirigir *The Godfather* (*El padrino*) y *Apocalypse Now* (*Apocalípsis ahora*), y ha adquirido la reputación de rodar bajo condiciones muy intensas. Pero en *Jack*, no había tanta presión. El reunió al equipo y al reparto en un ambiente relajado e informal, cerca de su casa en el valle de Napa, California. López estaba bien cómoda trabajando con el legendario director, y se sintió bien afortunada de haber tenido la experiencia. "El es como un peluche, es tan dulce," ella le dijo al periódico *Los Angeles Daily News* después del estreno de la película. "Yo me sentaba a sus pies entre cortes y nos poníamos a mirar el monitor. El creó una atmósfera protegida y emocional."

No sorprende que Jennifer se sintió cómoda trabajando con Robin Williams. Ellos se hicieron buenos amigos inmediatamente. Williams, mejor conocido por sus imitaciones de voz, se ponía a hacer diferentes voces durante los descansos y López lo acompañaba. Durante uno de estos descansos, López y Williams hicieron una versión cómica de *Romeo y Julieta*.

López hizo Julieta como Rosie Pérez, y Robin hizo Romeo con la voz de Sylvester Stallone.

Jennifer López estaba feliz con su papel en *Jack*, el cual era diferente de los que había hecho hasta ese momento. Por primera vez tenía la oportunidad de hacer un papel más agradable. "Es bueno hacer alguien que no esté tormentada o demasiado cínica. Como ahora mismo tengo lesiones por todas partes por estar gateando con pistolas en *Anaconda*. *Money Train* fue igual."

Pero más importante para López es que su papel no era originalmente escrita como la latina Ms. Márquez. El papel no especificaba una raza, pero López ganó el papel. A López no le parecía importante la raza del personaje, y si no le hubieran cambiado el nombre le hubiera dado igual. Jennifer quería hacer un papel, sin importar la raza del personaje. El hecho de que Jennifer fuera latina le parecía secundario. Lo que más importaba era ser actriz y interpretar una persona en que la raza no figura.

López reconoce que es latina, y está orgullosa de su herencia y cultura, pero también reconoce que hasta ese punto en su carrera cinematográfica, todos los personajes que había interpretado tenían una cosa en común—todos eran latinos. Ella no dice preocuparse por eso: ya sabe que *es* latina, pero sí quiere tener cuidado que el hecho de ser latina no venga antes de ser actriz. Cuando le dan un papel latino, López no se siente estereotipada pues los personajes que ha desempeñado siempre han sido muy diferentes. Con tal de que los personajes que hace sigan siendo variados, no teme ser estereotipado. Su personaje como la maestra en *Jack* es muy diferente del personaje que interpreta en *The Money Train*, en que aparece como una policía. También es único el personaje que desempeña en *My Family/Mi Familia*. Aunque interpreta a una latina, para López este hecho es secundario al personaje.

Mientras la película en sí no fue un gran éxito, López otra vez salió con reseñas positivas que le auguraban más y mejores cosas en el futuro. Mientras demostró que puede mantenerse al nivel de grandes estrellas como Snipes, Harrelson y Williams, también mostró su versatilidad como una actriz. Ella puede hacer cualquier papel sin importar la raza y hasta puede conseguir papeles que al principio no fueron diseñados para latinas.

BLOOD AND WINE (1997)

En 1997 el resumen de Jennifer López si hizo todavía más impresionante, trabajando con algunos de los nombres más grandes de Hollywood, tanto actores como directores. En el caso de la película de Bob Rafelson, *Blood and Wine*, López interpreta a Gabriella, la amante cubana de nada más y nada menos que Jack Nicholson, quien interpreta a Alex Gate, un vendedor de vino cuya vida parece normal y tranquila. Michael Caine interpreta el papel del ex-prisionero, Victor Spansky.

La película empieza con el personaje de Nicholson, el dueño de una tienda de vino que parece estar contento y exitoso, viviendo en una linda casa y manejando un coche BMW. Pero no está satisfecho con lo que tiene, y quiere más. Al mismo tiempo tiene problemas sentimentales con su esposa, interpretada por Judy Davis. Alex empieza a tener un romance con Gabriella (el personaje de López), la niñera de uno de sus clientes. Entonces empieza la acción. El decide robar un collar de diamantes que le pertenece a este mismo cliente, y pide la ayuda de Gabriella y Victor. Pero por supuesto nada sale como lo tenía planeado.

López define a *Blood and Wine* como una "gran historia" de cubanos que abandonan su país y arriesgan el arresto, el encarcelamiento, y hasta sus vidas mismas en pos de poder marcharse a los Estados Unidos en busca de una vida mejor. López dijo a *Movietalk Online* que el papel de Gabriella representaba todos aquellos que se habían ido o que estaban tratando de irse de Cuba. Su actitud de "¿qué tengo que perder?" es algo común, como también lo es su deseo de proporcionar un futuro mejor a sus familias una vez que alcanza los Estados Unidos. La razón por la cual Gabriella se queda con Alex, el personaje interpretado por Jack Nicholson, es para ayudar a su familia. Aunque se enamora de un hombre mucho más joven, Jason, (Stephen Dorff), se queda con Alex porque permanecer con Jason significaría una situación sin salida ya que él no podría ayudarle—ni a ella ni a su familia. Al final se da cuenta de lo que ha perdido. Para López, Gabriella era un gran personaje, agradable y fácil de entender.

Jennifer estaba contenta, con su papel en *Blood and Wine*, y con la oportunidad de trabajar al lado de un actor de Hollywood de la talla de Jack Nicholson, cuya presencia se hizo sentir durante el rodaje. El gran actor le calmó a López cuando parecía agobiada. Y no cabe duda: López aprendió mucho del actor veterano, quien le ayudó a centrarse durante sus escenas juntas.

Desde su primera escena con Nicholson, López se sintió cómoda con su formidable colega. Recuerda que su primera escena con él iba a ser una de amor, pero Nicholson insistió en que fuera una escena de baile de salsa; consideraba importante mostrar que su personaje estuviera cautivado por el mundo de ella. López, con su amplia experiencia en el mundo del baile, no se intimidó por su primera escena con uno de los astros de Hollywood. "Tenía una ventaja" dijo a *Movietalk Online*, refiriéndose a su habilidad como bailarina. De hecho, López enseñó a Nicholson un par de cosas. Esta escena ayudó a López a sentirse muy cómoda desde el principio.

López también tuvo la oportunidad de rodar una tórrida escena de amor con Jason (interpretado por Stephen Dorff), el hijastro de Nicholson en la película. El personaje de Gabriella se enamora de Jason, pero es un amor que nunca se concreta porque al final las preocupaciones más inmediatas de Gabriella vencen. No es sorprendente que tanto Dorff como López rezuman un atractivo seductor y erótico en la pantalla. Todos los personajes en esta película están bien caracterizados y son creíbles, y la conmovedora interpretación de López , en el papel de la joven Gabriella, no debe perderse.

ANACONDA (1997)

Jennifer López desarrolla sus habilidades como actriz de nuevo en la película de aventura y acción dirigida por Luis Llosa, *Anaconda*. López hace el papel de la sexy pero lista Terri Flores, una directora que dirigirá por primera vez un documental en el Amazonas sobre una tribu indígena llamada Sirishama que rinde culto a la serpiente Anaconda. El equipo es dirigido por el antropólogo Steven Cale, (interpretado por Eric Stoltz), y además de López, el equipo incluye a Ice Cube en la parte del camarógrafo. El equipo corre peligro cuando encuentra un cazador de culebras perdido en el bosque, Paul Sarone (Jon Voight). En vez de ayudarles a encontrar los indígenas, Sarone los lleva sin que ellos lo sepan en búsqueda de la Anaconda que mide cuarenta pies de largo. Esto conduce al equipo a un escalofriante encuentro con la serpiente y el intento de Sarone para capturarla viva.

Anaconda fue un éxito taquillero y López, en su papel como Terri Flores, comprobó que su talento no se limita a papeles sexy donde su belleza es lo importante. Aquí desempeña el papel de una mujer aventurera y trabajadora cuya etnia, una vez más, no es el tema central de la película. *Anaconda* tenía un presupuesto pequeño, pero sorprendió a todos en las taquillas. En la lista de las 250 películas más exitosas en la taquilla en 1997, *Anaconda* fue la más alta de las protagonizadas por actores latinos. También fue la película que causó que *Liar Liar*, la película protagonizado por Jim Carrey, se bajara al segundo lugar. La película ganó más de $100 millones en los Estados Unidos. Este número hoy en día sólo alcanzan las películas *blockbuster*, y el éxito de *Anaconda* se debe en gran parte a la actuación de Jennifer López. López demostró en esta película que no es sólo una cara bonita con un cuerpo sexy, sino que es toda una actriz versátil que puede interpretar una gran variedad de papeles en las cuales el personaje y la esencia del papel son lo que importan y no la raza.

Otra vez, una de las grandes satisfacciones para López fue la de trabajar con artistas que admira, en especial Ice Cube. López sintió una conexión especial con Ice Cube en el plató, no sólo porque admira su música sino porque, al contrario que Jon Voight y Eric Stoltz, quienes estaban felices y contentos de estar rodando en el Amazonas, López y Ice Cube echaban de menos sus hogares. Recordaba, hablando con *Movietalk Online*, que trabajar en el Amazonas era difícil tanto para ella como para Ice Cube porque ambos son gente de ciudad. López estaba ansiosa por regresar a casa y terminar el rodaje de la película en Los Angeles.

Aunque no estuviera muy feliz con su vida en la selva, López quedó muy satisfecha con la película y con su interpretación en ella. Le gustan las películas de acción y opina que *Anaconda* es apasionante y llena de aventuras. ''No tengo que ver *The English Patient* (*El paciente inglés*) cada vez que voy al cine'', dice. Lo importante para ella es que la película entretiene al público y *Anaconda*, con su travesía del Amazonas y su convincente interpretación, hace precisamente eso.

U-TURN (1997)

"Cuando Hollywood comience a considerarme para papeles donde la raza no importe, ese será un paso grande para mí". López le dijo a *Latina* en 1996. Solamente un año después ella ya había tomado ese paso. Oliver Stone escogió a López en lugar de Sharon Stone para interpretar a Grace McKenna en su película, *U-Turn*. Oliver Stone dice que aunque esta película ha sido clasificada como *film noir*, es más parecida a un Western.

López forma parte de un gran gran reparto que incluye a Sean Penn, Billy Bob Thornton, Nick Nolte, Claire Danes, Joaquín Phoenix, y Jon Voight. La película empieza con Bobby Cooper, un vagabundo desdichado y sin rumbo, que va a Las Vegas para poder pagar una deuda que tiene con unos mafiosos rusos. Cuando se le averia su coche en un pueblo llamado Superior, Arizona, Cooper deja su coche con un mecánico algo dudoso (Billy Bob Thorton), y camina hacia el centro del pueblo. Allí conoce a la bella y seductiva india que suele poner cuernos a los hombres, Grace McKenna (López). Grace quiere salir del pueblo y está buscando a alguien que le ayude. Grace está casada con uno de los hombres más ricos del pueblo, Jake McKenna, (Nick Nolte), quien paga unos golpes a Bobby, y luego le ofrece dinero para que mate a Grace. Poco después, Grace le hace la misma oferta a Bobby, para que mate a Jake. Bobby solamente quiere irse del pueblo pero ahora se ve involucrado con los excéntricos locales.

A Jennifer le encantó trabajar con Oliver Stone, que cambió el horario de producción de la película para que ella pudiera hacer el papel de Grace McKenna. López estaba alucinada de haber ganado el papel y no sólo porque se lo ganó a una de las estrellas más hermosas de Hollywood, Sharon Stone. Años atrás López estaba haciendo una prueba para Oliver Stone, quien había decidido recoger su oficina mientras ella hacía su actuación. Ella detuvo la audición y se marchó, jurando que nunca trabajaría para él. Por esa razón el director casi tuvo que rogarle a López que aceptara el papel en *U-Turn*, algo que le dio gran satisfacción a la actriz. No tan orgullosa que no aceptara un papel de uno de los directores más destacados de Hollywood, López se dio por vencida y aceptó el papel de McKenna. Trabajando con uno de los grandes de Hollywood la hizo muy feliz y disfrutó de su experiencia. Cuando *Eonline* le preguntó a López si Stone era tan loco como lo pintan, contestó, "No es un loco, es un genio. Le amo a Oliver, me encantó trabajar con él. Fue completamente magnífico conmigo—un verdadero director de actores".

Jennifer López estaba todavía más solicitada de ser buscada para este papel porque de nuevo no dependía de la raza. Esto es posiblemente lo más importante para ella, porque es una prueba de su versatilidad como actriz y como modelo en la comunidad latina. "He sido bien afortunada de haber podido entrar en las salas de audiciones y haber conseguido los papeles que no fueron escritas para latinas", le dijo a *USA Today*, el 10 de julio de 1998. López cree que cuanto más le den personajes que no sean latinos, más grande será la contribución que hará ella para bajar las barreras étnicas en Hollywood. Y lo mejor de todo es que López sabe que no es ella la que está cambiando para poder conseguir estos papeles, sino que es Hollywood el que está cambiando la forma en que ve a las latinas y cómo las consideran para ciertos papeles. López comparte la misma opinión en cuanto a su creciente fama: "Todos creen que tú eres la que cambia, pero es la forma en que la gente te trata lo que cambia".

SELENA (1997)

"Yo creo que *Selena* fue lo que verdaderamente llevó mi nombre allá fuera", admitió López en una entrevista con el periódico *Toronto Sun*, "pero Jennifer López no hizo daño tampoco". Es precisamente esa confianza y perseverancia que llevó a la exitosa audición de López para el personaje de Selena en la película dirigida por Gregory Nava sobre la cantante de música tejana Selena Quintanilla Pérez. López protagoniza junto a Edward James Olmos, quien interpreta al padre de Selena, Abraham Quintanilla, Jr.

Selena se hizo una sensación en el mundo predominantemente masculino de la música tejana, la cual combina las tradiciones de la canción latina con elementos del pop americano. Ella tenía millones de fans aquí y en México, algo fuera de lo común para alguien que cantó en español pero que casi no lo hablaba, puesto que se crió hablando inglés, un hecho que la mayoría de sus fans ignoraba. Cuando estaba grabando sus primeras canciones en inglés, Selena hasta se reía, diciendo que sus fans se iban a sorprender que ella hubiera aprendido inglés tan rápidamente! Había ganado el premio Grammy en su categoría y había terminado unas cuantas canciones para su primer álbum en inglés cuando fue derribada a la joven edad de 23 años, por la pistola de la obsesionada ex-presidenta de su club de aficionados, Yolanda Saldívar. Saldívar fue sentenciada, y está sirviendo treinta años en la cárcel sin la posibilidad de liberarse bajo palabra.

La súbita y violenta muerte de Selena fue un shock para sus millones de admiradores y completamente opuesta a la energía y espíritu feliz y positiva de su vida. Su cualidad de estrella y el amor y la devoción que había generado en sus fans hizo que el casting y la filmación de la película fuera un proceso bien delicado, y uno que no fue libre de controversia. La trágica muerte de Selena fue tratada con dignidad y respeto para no ofender o traicionar a los recuerdos de sus amigos y su familia. De hecho, cualquiera que hubiera sido escogida para hacer el papel de Selena tendría un trabajo enorme, tratando de honrar la memoria de esta superestrella tejana quien era una diosa para millones—una tarea enorme hasta para la actriz más veterana. Como López misma después reconoció, "Es un tema bien delicado. No hace mucho que se falleció, y está todavía bien fresca en los recuerdos de todos, y eso hace que desempeñar el personaje de Selena sea un gran reto". El ascenso a la fama de Selena fue un ejemplo del sueño americano haciéndose una realidad, y la película se propuso a documentar este trayecto en la forma más dedicada y conmovedora posible.

Le pregunta emergió en seguida: ¿Por qué hacer la película, especialmente tan poco tiempo después de la trágica muerte de Selena? Abraham Quintanilla Jr., el padre de Selena y productor ejecutivo de la película, defiende su decisión de hacer la película que era un homenaje a su hija. El le dijo a la revista *Time*, "No hice la película para explotar a mi hija. La hice porque hay un deseo insaciable del público de saber más de ella".

El padre de Selena fue instrumental en su carrera, formando una banda tejana con sus tres hijos y promocionando fuertemente la carrera musical de su hija menor, Selena. Desde la muerte de Selena, él ha mantenido que la herencia de música de Selena siga creciendo después de cuatro años de la muerte de la estrella tejana.

Al negar que estaba tratando de explotar a su hija cuando decidió hacer la película, Quintanilla añadió que también quería actuar rápidamente para prevenir que otros se aprovecharon de la vida y muerte de su hija. De hecho, la idea de hacer la película ni fue suya. Quintanilla empezó a oír rumores de que alguien estaba tratando de hacer una película sobre su hija. Pero no fue hasta que vio un artículo en el *New York Times*, diciendo que un productor de la cadena televisiva FOX TV quería hacerla, que decidió encargarse del proyecto. Quintanilla quería asegurarse de que si iba a haber una película sobre su hija, reflejaría los eventos de su vida con fidelidad. Admitió su necesidad de mantener a su hija viva por medio de su música y por proyectos como la película. Esto era su forma de enfrentarse con su pérdida. Así emprendió el proyecto que iba a llevar a Jennifer López al estrellato, el papel que la haría la latina mejor pagada de Hollywood.

Siguiendo los consejos de algunos profesionales de Hollywood, Quintanilla decidió pedir los talentos y servicios de Gregory Nava para escribir y dirigir el guión que iba a documentar la vida de su hija. Saliendo del éxito de su ultima película *Mi Family/Mi Familia* y teniendo un conocimiento íntimo de la cultura mexicana-americana la cual Selena vivió y representó, Nava fue la decisión lógica. Nava también admiraba a Selena por la persona que era. Le dijo al periódico *Los Angeles Daily News* , ''Selena es ese profundo fenómeno, la gente la ama. Tienes que buscar el por qué. Por supuesto, había su personalidad mágica pero la clave de Selena era que ella se aceptaba a sí misma. Siempre somos enseñados, como latinos, que para triunfar en América tenemos que esconder nuestro ser verdadero. Ella hizo lo contrario, y fue aceptada más que ninguno''.

Como uno de los pioneros de las películas independientes, Nava estaba acostumbrado a hacer las películas con un mínimo de interferencia de productores, lo cual pudo haber presentado un problema, dado el profundo interés personal de Quintanilla en la película. Muchos pensaban que sería inevitable que la libertad de Nava se vería limitada a algún nivel. Pero la colaboración fue armoniosa. Nava admite haber tenido que convencer a la familia para enseñar ciertas cosas que originalmente ellos no querían enseñar, como el matrimonio de Selena con el guitarrista del conjunto. Nava logró que vieran el valor dramático de incluir escenas como esa. Según Nava, él y la familia ''hicimos un viaje juntos'', y el resultado fue una historia conmovedora y fiel de una bella y prometedora joven estrella.

Asignar el papel de Selena resultó más difícil que arreglar los detalles del guión. Hicieron una audición nacional, y 22,000 aspirantes acudieron a los *open calls* en Texas, California, Florida e Illinois para el papel de Selena. López había recibido una llamada y supo que Gregory Nava iba a estar dirigiendo la película sobre la vida de Selena. Ella le dijo a *Mr. Showbiz*, ''ahora bien, yo sabía que ella tenía más o menos la misma edad que yo y me podrían estar considerando para el papel. Pero no sentía nada como 'esta parte tiene que ser mía'. Creo que no fue hasta la audición que realmente quería el papel. Entonces fue cuando me di cuenta de que iba a haber mucho baile y música, y entonces fue cuando me entusiasmé''.

Después del primer *open call*, López fue una entre siete—tres desconocidas y cuatro actrices profesionales—que fueron llamadas para hacer una prueba filmada, un *screen test*. Aunque López había trabajado con Nava antes, ella no se molestaba con el hecho de tener que someterse a un proceso tan riguroso en la audición. ''Todavía estoy en la etapa de mi carrera donde tengo que perseguir lo que quiero. Sería estúpido no hacerlo'', López siempre ha dicho desde el principio que las audiciones son una parte crucial de la actuación. ''Así es como consigues los papeles buenos. No puedes dejar que lo ofrezcan a todas las demás antes de que te lo ofrezcan a ti.''

¿Cuál era la clave detrás del triunfo de López en ganar el muy deseado papel de Selena? López admite que muchas de las otras actrices se parecían más a Selena que ella. Pero ella creyó, una creencia que probó ser verdad, que ''estaban buscando a alguien que pudiera capturar quién era Selena, cómo era por dentro y por qué era tan especial. Ella siguió diciéndole a *Eonline* que la esencia de Selena se encontraba en su felicidad y su amor para la vida. ''Trabajaba con su familia y tenía grandes valores familiares. Ella abrazaba su cultura''. Estos eran los elementos que tanto Nava como Quintanilla reconocían como imprescindibles para capturar con fidelidad el espíritu de Selena en la pantalla grande. Al final, López triunfó, no sólo porque podía cantar y bailar sino por su personalidad, que en muchas formas era similar a la de Selena. Nava dijo ''Jennifer no sólo dio la mejor audición, estábamos buscando alguien que pudiera capturar el espíritu interior de Selena. Ella sencillamente lo tenía''. Con la ideal combinación de talento, Jennifer ganó el papel de Selena y, con ello, la enorme responsabilidad de interpretar a la estrella tejana que casi se convirtió más popular y más adorada después de su muerte.

Quintanilla estaba bien satisfecho con la interpretación de Jennifer. López capturó la esencia de Selena a través de su forma de sonreír, reír, y ponerse enojada. Quintanilla reconoció las semejanzas en seguida y estaba seguro de que Jennifer era la apropiada para interpretarla. López aceptó el desafío, sabiendo que iba a estar bajo escrutinio a cada paso. ''Las actrices están siempre diciendo, 'quiero un papel que sea difícil, que sea bueno. No hay papeles buenos'. Pues este es uno de esos papeles. Para mi fue un honor tener la oportunidad de intentar hacer un buen trabajo, y eso es lo que voy hacer.''

Mientras López estaba preparada para el reto de interpretar la sensación tejana, no estaba preparada para la controversia que se causó tan pronto como recibió el papel. La controversia fue iniciada por la prensa mexicana-americana, que juzgó mal la selección de López, una puertorriqueña nacida en el Bronx en Nueva York, para el papel de una tejana de herencia mexicana. También corrían rumores que el *open call* había sido engañoso, y que los estudios planeaban usar una actriz profesional todo el tiempo. López admite que esto la distraía, y que se esforzó para mantenerse centrada. ''Yo pensaba, 'No les gusto.' Pero después me di cuenta de que lo estaba tomando como algo personal y no era personal. Cualquier actriz hubiera estado bajo tanto escrutinio porque Selena fue tan amada y porque la herida de su muerte todavía estaba fresca'', le dijo López a *USA Today*. López sabía que tenía que ignorar los críticos y seguir adelante. Se metió en el papel e hizo todo lo posible para no hacerle caso a la crítica que la pudiera distraer.

Después de su ansiedad inicial, López se tranquilizó, dándose cuenta de que no era ella el problema. A la misma vez empezó a oír y sentir las reacciones positivas, algo que la ayudó recomponerse. ''A veces la prensa tiende a concentrarse en lo negativo porque es controversial. Pero por lo general, creo que la comunidad latina está feliz por el hecho de que el proyecto esté siendo hecho, con un director y un escritor la- tinos, y con actores latinos. Todas las personas con quien me he encontrado en la calle y en la comunidad parecen estar felices que lo estoy haciendo''. López también se dio cuenta de que quienquiera hubiera sido escogida para hacer el papel de Selena, iba a haber problemas porque se trataba de Selena.

Además de este escepticismo, López también tenía que en- frentarse al hecho de que su recompensa de un millón de dó- lares era el salario más alto que había recibido una actriz latina. Estaba preparada para el reto, a pesar de la presión adicional. López no se distraía por esto tampoco, sabiendo que era una oportunidad de probarse. Tenía que enseñarles, a los fans y a la prensa que lo podía hacer, y esto era algo que comprendió y aceptó. La responsabilidad que aceptó era en- orme. Personalmente, quería hacer un buen trabajo para sí misma, como actriz. Pero igual de importante, quería hacer un buen trabajo para la familia, los amigos y los admiradores de Selena; quería darles algo que honrara su legado.

Parte del éxito de López en conseguir el papel de Selena se debía a las semejanzas de personalidad y estilo entre las dos mujeres y también la dedicación de López a la hora de aprender lo más posible sobre Selena. Para empezar Selena fue alentada a cantar a la tierna edad de siete años por su padre, un músico frustrado. De una manera similar, López fue alentada por su madre, una actriz frustrada, a bailar a la tierna edad de cinco años. Como Selena, López creció cantando y bai- lando, con sus ojos fijados en algo más grande. A ambas les gus- taba entretener en el escenario, algo que López recordó cuando estaba filmando la escena en el estadio deportivo del Houston Astrodome. Para seguir su carrera como actriz, había dejado su carrera como cantante. Selena le devolvió ese amor a ella.

López también se identificó con muchos aspectos del car- ácter de Selena. Selena era bien natural. No tenía miedo a expresar quién era, algo que también describe a López. Jen- nifer le dijo a *Mr. Showbiz*, ''Una de las cosas que la hizo tan popular era que siempre era ella misma. Ella era latina, tenía pelo oscuro, se lo tiñó todavía más negro, se ponía lapiz de la- bios muy rojo. Nunca era una cosa de ella decir, 'no me pondré esta minifalda, quizás me pongo ésta pues me hace parecer menos gorda.' Ella acentuaba lo que tenía. Y las mujeres pod- rían mirar y decir, 'mi cuerpo es igual. Ella solamente lo está enseñando, ¿pues por qué tengo que sentirme avergonzada?' ''

De hecho, López se ha hecho bastante reconocida por no ocultar lo que al principio algunos consideraban un trasero grande. Desde el principio López se ha mantenido cómoda con su cuerpo, vistiéndose como más le complazca, y sigue haciéndolo. Es más, su confianza en su figura le ha resultado una gran ventaja para López, quien ha convertido lo que al principio se consideraba como algo negativo, en algo tremendamente positivo. En el espíritu de Selena, ella se siente orgullosa de ser latina y de tener un cuerpo que refleja quién es y de dónde viene.

Jennifer y Selena también comparten un buen corazón, igual que un espíritu rebelde, este ultimo fue revelado cuando López se marchó de la casa de sus padres y decidió no ir a la universidad y cuando Selena se casó con el guitarrista del conjunto contra los deseos de sus padres.

La familia de Selena Quintanilla no tardó en notar otras semejanzas entre su hija y Jennifer. Durante una cena con los Quintanilla, López fue regañada por sus malos hábitos en la mesa de comer. López le dijo a *Mr. Showbiz* que la madre de Selena le decía, "¡Tú nunca comes, no tomas bastante agua . . . ¡Eres igual que Selena!" López lo tomó como un honor, viniendo de la madre de Selena.

Posiblemente las semejanzas más importantes entre ellas son las que vienen de ser latina en los Estados Unidos. Por supuesto hay muchas diferencias entre la cultura puertorriqueña del Bronx y la cultura tejana que vivió Selena. Pero las semejanzas están: ". . . ser tratada de cierta forma o no ser tratada de cierta forma cuando estaba creciendo. Ser una minoría. Ser mujer." Ambas mujeres lucharon por vencer los estereotipos que han limitado más de una carrera, y ambas estaban rompiendo esos estereotipos, cruzándo al mundo no-latino de *show business*.

López también vio a Selena como un ejemplo. Vio cómo el público adoraba a Selena y cómo Selena adoraba al público. Selena era una estrella pero se veía que de verdad le importaban sus fans; siempre se daba tiempo para hablar con ellos y agradecerles su apoyo. Sus admiradores la adoraban, y ella se aseguró de que sus admiradores sabían que ella les adoraba también. López admiró esta cualidad, de no olvidarse nunca de darles las gracias a los que realmente son los responsables del éxito de uno.

López reconoció que Selena era especial y su trabajo era reflejar eso en su interpretación, y quizás incluso aprender algo, además. Su talento natural y su habilidad de alcanzar a las multitudes fue algo que se podía notar inmediatamente. "El público te ve de verdad. Ellos ven quién eres el momento en que te pones frente a ellos. Ella rezumó eso: todo el mundo le importaba, sin importarle cuánto éxito tenía", comentó Jennifer en su entrevista con el *Los Angeles Daily News*. Y en su interpretación, López tenía que enseñarles al público que a ella también le importaban, que le importa las personas alrededor de ella.

Además de todas las semejanzas entre Jennifer López y Selena, López se esforzaba por aprender lo más posible sobre Selena, lo cúal incluía estudiar su forma de bailar, su cantar, y sus gestos. López encontró que imitar la forma de bailar de Selena era lo más difícil de todo. Para poder saber cómo moverse como Selena, López tuvo que ". . . estar viendo videos por muchas horas todas las noches, y 'desaprender' lo que había aprendido". Las canciones en la película fueron todas *lip-synched*, aunque sí tuvo que aprender a cantar como Selena. Aprendió esto también estudiando muchos videos de Selena. López llevó esto un paso más alto cuando se fue a vivir un rato con la familia de Selena, para poder absorber la esencia de su familia. Ella le dijo a *Vanidades Continental* en junio del 98, "Traté de olvidar mis propios gestos para poder captar las de Selena. Aprendí a bailar como ella. A reír como ella. A imitar su sentido de humor. Caminé las calles de Corpus Christi para absorber el atmósfero. Tratando de sentirme una tejana". López admitío que la familia de Selena fue una gran ayuda y que aprendió a primera mano lo bueno que tienen.

Las fuertes semejanzas en sus características no les bastaban a algunos críticos, que pensaban que López debería verse más a Selena físicamente. López tiene una nariz diferente a la de Selena, y se hablaba de la idea de usar una nariz prostética, pero al final, esta idea fue rechazada. Después de unos cuantos exámenes con narices postizas decidieron no usarlas. Mark Sánchez, el maquillista, no dudó en decir que López era tan buena actriz que no necesitaba la nariz. Ella simplemente era "ideal para el papel", y eso era mejor que lo que cualquier artista de maquillaje podía hacer. López sí usó pelucas para cambiar su apariencia de adolescente a la joven adulta, pero aparte de eso todo le pertenecía a Jennifer.

El largometraje de Selena fue especialmente emocional

dado el hecho que la familia Quintanilla siempre estaba en el plató y participaron activamente en el proyecto. Fue emocional para toda la familia de Selena, igual que para el reparto, especialmente Jennifer. El guión la hizo llorar, y haber vivido con la familia de Selena por un período intensificó sus emociones. López sintió todavía más presión puesto que la familia veía todos los cortes. Ella miraba alrededor y veía la familia de Selena llorando, y esto sirvió de reforzar el deseo de López de hacer bien un trabajo, no sólo para ella sino también para la familia de Selena. Le dijo a la revista *Vibe*, "Me convertí en un foco de todo este dolor y sufrimiento; pero por alguna razón no me descompuse nunca". Este fue el caso hasta que vio una versión temprana de la película. "Todos los que la vieron me seguían diciendo que se pusieron a llorar mientras que la veían. Pues aquí estoy yo, y se está terminando, y todavía no me he puesto a llorar. De repente ponen la escena después de que Selena se muere, y me derrumbé. Estuve llorando inconsolablemente como media hora, tres cuartos de hora. Me hacía falta llorar por ella, pero no esperaba tan fuerte reacción".

López pasó cuatro meses rodando en México y Texas, siempre con la familia de Selena presente. La intensidad emocional que había en el plató—y que se puede sentir en la película—es prueba que la película verdaderamente refleja la vida de la cantante tejana. "Esta película es tan fiel a la vida, la gente no lo nota. La gente puede pensar que fue suavizada o que tratamos de sacar todo lo malo, pero esta mujer tenía su furia cuando se rebeló contra su padre, y tenía su lado tierno también". Muy semejante a Jennifer misma. Aunque teniendo la familia allí llevó a una experiencia cinematográfica más emocional y más difícil, también permitió que López viviera la vida familiar que Selena tenía—cariñosa y unida.

La película *Selena* hizo más para Jennifer López que tirarla en la escena de Hollywood. Interpretando a Selena, López aprendió cosas valiosas de sí misma. Siempre le había gustado cantar y entretener bajo las luces, pero había desperdiciado este deseo por seguir su carrera de actriz. Durante la filmación de la primera escena de la película, López notó que le gustaba lo que estaba haciendo—cantando y bailando frente de miles de fans. Así redescubrió su primer amor, el de cantar y bailar, y entonces sabía que tendría que grabar un álbum en algún momento en su carrera. Y parece que Jennifer López nunca deja pasar un sueño o una oportunidad. Su debut discográfico salió este verano.

Además de despertar sus ambiciones de ser cantante y bailarina y ayudarle a expandir su carrera en esa dirección, *Selena* también le enseñó a López una lección que ella trata de vivir cada día. El mensaje que Jennifer López sacó de la película es que una person tiene que vivir para el momento porque nunca se sabe lo que va a pasar. No hay ninguna garantía de cuánto tiempo tiene cada uno, pues hay que tomar cada momento como si fuera el último.

La película *Selena* de Gregory Nava no es solamente la historia de una cantante tejana que tuvo un triste final, sino más bien la historia de una persona de su comunidad, una latina que "fue aceptada y eso es lo único que queremos". Y parte del éxito de la película es que cuenta la historia de una latina que sobrepasa muchos obstáculos para alcanzar el éxito. Aunque termina en tragedia, la vida de Selena fue una inspiración para muchos latinos. *Selena* no es solamente una película latina, sino una película para todas las razas y culturas. Tal como *My Family/Mi Familia*, su capacidad de atraer a un público general y no sólo latino, se puede considerarla un importante logro para todos los actores y directores latinos.

Nava y López están de acuerdo de que la película puede abrir más puertas a todos los latinos.

La interpretación de Jennifer López como Selena es tan real y tan creíble que muchos, especialmente en el mundo latino, ahora piensan en ella como la artista que hizo el papel de Selena en *Selena*. Sin embargo, López no se preocupa que esta etiqueta la siga por el resto de su carrera, a pesar de que fue esta película lo que la llevó a ser una verdadera estrella. López lo considera como algo positivo, dado que la película se estrenó hace poco y la memoria de Selena sigue viva. En junio de 1998, López le dijo a la revista *Vista*, "Una de mis amigas, también actriz, me dijo después de ver la película: 'No importa lo que pase después en tu carrera, siempre tendrás esto'. Y así es como yo lo veo. Trabajé duro, salió perfectamente bien y el público recordará que hice un buen papel, y por eso considero que fue una cosa muy positiva".

El éxito de la película *Selena* y la interpretación de Jennifer López como Selena no pasaron sin notar. *Selena* voló en los

premios ALMA, los premios de la organización American Latino Media Arts en 1998, cogiendo cuatro premios: Mejor Película, Mejor Actriz (Jennifer López), Mejor Actor (Edward
James Olmos), y Mejor Director (Gregory Nava). López también ganó el premio ALMA de Lasting Image de 1998, y el
premio Lone Star Film & Television para mejor actriz por su
interpretación en *Selena*. López también fue nominada como
mejor actriz para un premio Golden Globe, y también el para
un premio de cine come mejor actuación de lanzamiento
MTV.

López se convirtió en todo un éxito. Ahora la reconocen
cuando sale en público, algo que le resulta un poco raro. No
es inmune a la atención que la fama conlleva. A veces se
sorprende que la gente la reconozca, puesto que muchas veces
está vestida de una forma informal, muy diferente de cómo
luce en sus películas. Una vez sus fans la divisaron en Miami,
corriendo en la playa, y la acercaban, gritando su nombre.
Todavía le cuesta creer que se la reconoce con tanta facilidad
después de tantos años de anonimidad, a López la experiencia
no le resulta negativa del todo. Después de todo, está logrando
las metas que se propuso hace tantos años. El año de López,
1997, le había asegurado su celebridad, su estatus como estrella; también aseguró que muchas, muchas más personas
vendrían tras ella, gritando su nombre.

OUT OF SIGHT (1998)

El gran éxito de Jennifer López, *Out of Sight*, es una prueba
más que los actores latinos están rompiendo las barreras étnicas en Hollywood. La película de 48 millones de dólares fue
dirigida por Steven Soderbergh, mejor conocido por películas
independientes como *Sex, Lies and Videotape*, y co-producida
por el actor Danny DeVito. Soderbergh escogió a López de
entre las actrices más populares de Hollywood, incluso Sandra
Bullock, para encarnar a la policía federal Karen Sisco. Soderbergh encontró en López la perfecta combinación de talento
y belleza, y el hecho de que el papel no fue escrito para una
latina no influjo su decisión. '' La pregunta no es si la gente
está lista para ver una actriz latina en las grandes películas'',
dijo Soderbergh en una entrevista con *Mirabella*. ''El punto

es, si la gente está lista para ver a *Jennifer* en películas importantes. Es sexy, inteligente, bella pero no imposiblemente bella, y ella tiene buenos instintos, y buena técnica, lo cual es raro".

En *Out of Sight*, López protagoniza al lado del rompecorazones de la serie televisiva "ER", George Clooney, en este thriller basado en la novela del mismo título de Elmore Leonard. Clooney se convirtió en el ídolo de muchas mujeres norteamericanas como el sensible y cautivador Dr. Doug Ross en la respetada serie "ER". Clooney, al igual que López, no consiguió el éxito de la noche a la mañana; empezó a actuar a los cinco años y luego lo dejó para seguir una carrera en el béisbol. Cuando quedó claro que no iba a triunfar en el béisbol, Clooney regresó a la interpretación. Su aparición cada semana en "ER", junto con su creciente lista de créditos cinematográficos, le han convertido en uno de los actores más populares y mejor pagados de hoy en día. Hasta fue elegido en una encuesta de la revista *People* en 1997, como el hombre más sexy del mundo, un honor que el modesto Clooney cedió a Harrison Ford. López no podría haber elegido alguien más conocido o atractivo como pareja en la película *Out of Sight*, en la que tendría que convencer al público de la atracción y el cariño que siente su personaje por el de Clooney—algo que resultó bastante fácil.

Llena de suspenso, acción, humor, y romance, esta película comprueba los talentos de la bella López, y ella pasa con creces. En la película, Jennifer López hace el papel de Karen Sisco, una agente federal que visita una cárcel en el sur de la Florida, justo cuando uno de los prisioneros, Jack Foley (George Clooney) está escapando, y la acción comienza allí. Foley la secuestra y la mete en el baúl de su carro mientras su cómplice los guía. Allí los dos empiezan a echar chispas. Descubren una conexión casi química que los lleva a pensar— ¿Qué hubiera pasado si las circunstancias hubieran sido diferentes y si él no fuera un asaltante de bancos? ¿Qué hubiera sido de los dos? Es la misión de Sisco encontrar el fugitivo después de salir del baúl, pero la película desarolla con ambos personajes buscando el uno al otro; no quieren estar separados pero saben que juntándose no puede terminar en un final feliz.

Jennifer López consiguió el papel de Karen Sisco después de una audición sensacional en la que convenció al director y al novelista. Soderbergh estaba considerando a Sandra Bullock para el papel, después de haber pasado algún tiempo con Bullock y Clooney juntos. Podía imaginar cierta conexión romántica, pero "no era la energía de Elmore Leonard. George y Jennifer en un cuarto, *esa* es la energía que esta película necesita", Soderbergh le dijo a *Mr. Showbiz*. En su audición, López tenía que recrear la escena del baúl del carro—en un sofá en el estudio de George. No le costó mucho trabajo a Jennifer ponerse cómoda con Clooney. Le dijo a la revista *People*, "hicimos la escena del baúl y cuando terminamos, me dije a mí misma, 'este papel es mío'. Yo hago ese tipo de cosas para ganar un papel". De hecho, López sabía exactamente lo que estaba haciendo cuando realizó las pruebas. Sabía lo que buscaba el director—una chica dura y dulce a la vez que pudiera interpretar a una policía federal y enamorar a George Clooney a la vez. Consciente de que el personaje de Karen Sisco era duro pero tierno, entró en las pruebas e hizo lo que sabe hacer mejor—actuar. Steven Soderbergh había encontrado a su Karen Sisco.

Leonard fue convencido: "Si usas a Jennifer López [en un film], eso va a hacerlo sexy", le dijo al *New York Times*. Y el director Soderbergh sabía que había encontrado el calor necesario, el tipo de química que ni Michelle Pfeiffer ni Nicole Kidman pudieron haber dado. Soderbergh sabía que López era lo que necesitaba para crear la tensión sexual y la pasión que estaba buscando. "George tenía este sofá ruidoso de piel en su estudio, y hicimos la audición allí", le dijo a *Mr. Showbiz*. "George y Jennifer estaban apiñados , y yo tenía la cámara de video para que pudiera editarlo allí mismo. Jennifer no es ninguna tímida, y llegó y lo captó. Lo podías sentir en el cuarto. Muchas actrices habían venido para hacer la audición en el sofá. Teníamos las mejores. Pero aquí tienes lo curioso: Jennifer fue estupenda, pero lo que me convenció era que George era mejor con Jennifer que con las demás. El era diferente y eso era lo que yo necesitaba". El encanto de Clooney, la sexy belleza de López y la tensión sexual que radia de los dos juntos le dan a *Out of Sight*, las chispas que Soderbergh buscaba.

A Jennifer le encantó interpretar un personaje que era fuerte y a la misma vez vulnerable. Karen Sisco es una agente federal que sabe cuidarse, pero cuando se encuentra en el baúl con

Foley, encuentra que siente emociones que son algo menos que duros. Encuentra una ternura que no es característica de una mujer en su posición, y eso la hace verse un poco más humana. Se vuelve atormentada—no sabe si lo debe detener o si lo debe amar.

A López también le gustó trabajar con Clooney. Y es evidente al ver sus interacciones en la pantalla. Se nota su fuerte conexión en la pantalla desde la primera escena. Y López sabe que este no es siempre el caso entre las parejas cinematográficas. En la pantalla las relaciones románticas son difíciles ya que nunca se sabe como resultará la escena aún si los actores sean creíbles. López dijo a *Movietalk Online* que a veces hay que trabajar muy duro para lograr ese vínculo con la otra persona. Pero lo mejor es cuando eso sucede sencilla y naturalmente y así es el vínculo entre López y Clooney en la pantalla: cada escena es un espejo de la realidad. López está muy satisfecha con sus escenas de amor con Clooney y piensa que dejan al público queriendo más, gracias al buen gusto con que fueron rodadas y porque no fueron demasiado explícitas. Esta es, claramente, una de las claves del éxito de *Out of Sight*.

No sólo había atracción entre los dos, sino que además López y Clooney se llevaron bien en otro nivel, bromeando durante los descansos y divirtiéndose el uno con el otro. Algunas de sus burlas tuvieron que ver con cómo las estrellas grandes reciben mejor tratamiento que los demás actores. Ella compartió con la revista *People,* "Estábamos hablando sobre las tomas de primer plano, los *close-ups,* y cómo las estrellas siempre van primero. Pues en el plató estábamos peleando, 'No, no, tú vas primero.' 'No, tú vas primero.' Estábamos tan acostumbrados a no ser los primeros.''

Con la interpretación convincente de Karen Sisco en *Out of Sight*, López ha convencido a todos que es una de las estrellas más calientes y más buscadas de Hollywood. Recibe ofertas no sólo para papeles latinas sino también para papeles que no son escritos para latinas. El éxito de Jennifer López se debe en parte a su versatilidad, pero también se puede atribuirse a la creciente conciencia en Hollywood que la diversidad cultural funciona al nivel comercial.

López siempre ha dicho que el aspecto más difícil de conseguir un papel es la audición. "El auténtico trabajo surge cuando estás buscando trabajo. Eso es más agotador (que filmando una película tras otra) . . . leyendo guiones. Yendo a las audiciones''. Con más guiones pasando por su camino que pueda leer, se da cuenta de su buena fortuna, y aunque todavía tenga que acudir a las audiciones, sabe que no cambiaría la posición que tiene por nada en todo el mundo.

ANTZ (1998)

Esta película de Jennifer López demuestra que está consiguiendo papeles no sólo por su increíble físico. La voz de López, junto con las de otros artistas de Hollywood fácilmente reconocibles, se escucha en la nueva comedia de dibujos animados del estudio DreamWorks, *Antz*. Esta película, realizada por diseños de computadora, está llena de efectos especiales y sorprende con su sofisticación técnica.

La película relata la historia de una colonia de hormigas situada debajo del Parque Central de Nueva York. Al principio de la película, todas las hormigas realizan su trabajo obedientemente, sin cuestionar su lugar en la sociedad o por qué algunas hormigas son trabajadoras, mientras otras son soldados, o por qué hay sólo una reina. El nido se ocupa de un proyecto de emergencia—cavando un enorme túnel—y hay poco tiempo para cuestionar el orden de su mundo. Pero la hormiga trabajadora más pequeña, hormiga Z-4195 (la voz de Woody Allen) hace lo que ninguna hormiga consideraría—pensar por sí mismo y preguntarse por qué está haciendo todo por la colonia y nada por sí mismo. Una tarde, Z va a un bar y conoce y se enamora de la bella Princesa Bala (Sharon Stone). Sin embargo, Bala ya está comprometida con un general furtivo (Gene Hackman), que está orquestando la ''limpieza'' de la población de hormigas. Z convence a la hormiga guerrera Weaver (Sylvester Stallone) que intercambien sus puestos de trabajo para que pueda impresionar a la princesa Bala. Z, la princesa Bala y Weaver capitanean la revolución en la colonia para traer la democracia a su mundo. La hormiga reina está interpretada por la famosa voz de Anne Bancroft.

Jennifer López hace la voz de Azteca, una hormiga trabajadora que se enamora cuando su amigo Z-4195 y Weaver cambian trabajos. La voz de López comparte el escenario con otros grandes astros de Hollywood como Woody Allen, Sylvester Stallone, Sharon Stone, Gene Hackman y Anne Bancroft. Todos de este elenco de estrellas caben muy bien en sus papeles: cada voz coincide perfectamente con la hormiga correspondiente. *Antz* es una comedia bien realizada que atrae tanto a jóvenes como a mayores. Aunque a veces parezca que es tan sólo una aventura divertida, a otro nivel enseña una lección y plantea cuestiones morales bastante profundas.

López disfrutó con esta experiencia en el mundo de la animación y la libertad que le proporcionó. "Los dibujos animados son divertidos. No hay reglas establecidas y puedes intentar cosas diferentes. Es un tipo de interpretación distinta". Con su voz, junto a la de algunas de las estrellas más importantes de Hollywood, López demuestra de nuevo que es más que una cara bonita y que su origen étnico no le ha obstaculizado conseguir todo tipo de papeles. La ampliación de su lista de créditos con los dibujos animados son una prueba de la versatilidad de López como actriz y de su determinación de enfrentar cualquier reto que se le presente.

V

Un Futuro Brillante

No solamente podemos esperar ver a Jennifer López en más papeles en más grandes películas, sino también podemos esperar oír esta bella latina cantando. La ambiciosa López siempre se ha considerado una actriz completa y ahora lo está probando. Recientemente firmó un contrato musical con Work Group, de la discográfica Sony Music y su primer álbum salió este verano.

"Me considero una artista completa. Bailo, actúo, canto . . . Así que no quiero hacer una sola cosa, lo quiero hacer todo", López dijo a la revista *Vista*. "No me sentiría bien si no lo hiciera. Creo que tengo mucho más que ofrecer. Me sentiría mal si llegara a tener sesenta años y pensara en lo que debía haber hecho." Está extremadamente feliz que ahora está grabando su primer álbum, algo que siempre quería hacer pero que cayó al lado cuando decidió seguir su carrera como actriz. López describe el álbum como una mezcla de música de baile, *rhythm and blues*, y música pop, todo con un sabor latino. Le encanta la música latina y quiere que eso brille en sus canciones. "Tendrá de todo, pero no importa el tipo de música, siempre habrá sabor latino en ellos". Su música, dice, será como ella—una mezcla de diferentes cosas. Algunas canciones pueden sonar como canciones de la calle y otras más pop o comerciales. Pero el tema común de la música de López será su inconfundible sabor latino.

El disco presenta un dúo en español de Jennifer López con uno de sus músicos favoritos, Marc Anthony, a quien además atribuye con haber sido una gran influencia sobre su estilo musical. Juntos grabaron el disco "No me ames". Jennifer también colaboró en la letra de otra canción en el disco, "Should Have Never." El disco también incluye canciones que López grabó con los escritores y productores musicales más respetados, como Track Masters y Emilio Estefan. Los ejecutivos de la división musical de Sony están esperando que el debut discográfico de López sea un éxito, tanto entre el público norteamericano como el latino. Esperan que el talento musical de López, así como su talento para actuar, sirvan de vínculo cultural para atraer a latinos y también a los no latinos, tal como lo logró la famosa Gloria Estefan. Eso es lo que López seguramente espera conseguir mientras se embarca en su próxima meta de ser la mejor en todo lo que hace.

Algunos han dudado la decisión de la sexy estrella de la pantalla, de embarcar en una nueva carrera como cantante. Piensan que es un riesgo para López que no debería tomar. Pero le parece a ella que sencillamente está experimentando con su multitud de talentos, y está disfrutando cada minuto. Han sido muy pocos los actores que han hecho la transición de actor de cine a cantante con éxito, aunque muchos lo han intentado. La mayoría de los actores que actúan y cantan se hicieron famosos como cantantes primero y después como actores, por ejemplo, Barbra Streisand, Diana Ross y Whitney Houston. Por otra parte, los actores que han intentado lanzarse al mundo musical y han fracasado son numerosos: Bruce Willis y Don Johnson son dos ejemplos. Pero la siempre asegurada López no demuestra ningún tipo de miedo. En la edición de julio de 1998 de la revista *Mirabella*, ella reafirmó la confianza que tiene en sus habilidades, dejando poca duda si va a triunfar o no. " Siempre es difícil cruzar de una cosa a la otra. Pero igual que conseguir un papel que muchos creen que no puedes hacer, todo desaparece si el producto es bueno, si haces un buen trabajo''. Sin duda se espera nada menos que un ''buen trabajo'' en el debut discográfica de López.

Además de una carrera musical naciente, López está extendiendo su nombre y cara por todos lados. Con una bella cara como la que tiene Jennifer López, ¿por qué no usarla para promocionar algunos productos? Sus contratos de promoción incluyen uno con Coca-Cola—ella es la figura principal en uno de sus anuncios—y otro L'Oreal, para promocionar sus productos cosméticos. También podemos ver esta belleza peligrosa en la película de Gary Fleder titulada *Thieves*. Le gustaría también experimentar con diferentes papeles, como comedias, por ejemplo. Ella siente que el género no es lo que importa sino el papel en sí: tiene que tener posibilidades, un buen director, buen guión y buen reparto. Si todas esas cosas funcionan, la categoría de película en verdad no le importa a López.

Jennifer López tiene otros planes para el futuro que no tienen que ver con complacer a su público o subir las ventas taquilleras. Mientras por el momento sigue centrada en el desarrollo de su carrera, sus planes a lo largo incluyen algo muy diferente—encontrar un marido y tener niños.

VI

Buscadora de Amor

A *Jennifer López* no le falta admiradores, pero hasta hoy está por encontrar su pareja. Puede ser debido, en parte, al énfasis que ha puesto en hacer que su carrera marche hacia adelante. Pero López continúa haciendo noticias, si está casada, involucrada en un romance, o si se ha visto por la ciudad con algun dichoso hombre. Aunque López quiere estar enamorada y admite que "soy una idiota cuando me enamoro", su carrera se ha metido en el medio de más de una relación.

López mantenía en una relación con David Cruz durante diez años. Habían hablado de casarse muchas veces, pero ambos decidieron posponer una boda hasta que López consiguiera ciertos logros en su vida professional. Los dos vivieron juntos en Los Angeles, y Cruz viajaba con López cuando podía, aunque esto no le caía bien a la madre de Jennifer y sus valores tradicionales. Guadalupe López abraza la idea tradicional de que una mujer joven debe vivir en la casa de sus padres hasta que se enamore y se case. Ni aprobó ni comprendió la relación entre su hija y Cruz. Pero también sabía que su hija era testaruda y al fin hacía lo que pensaba que era mejor para ella— como cuando decidió no ir a la universidad para emprender su carerra de actuación, una decisión que sus padres miraron mal. Este amorío de diez años terminó en marzo de 1996 cuando Cruz decidió regresar a la ciudad de Nueva York y abrir su propio negocio de limpieza en seco. López no estaba completamente sorprendida por la separación. Ella sabía que su creciente éxito era difícil para Cruz, y reconoce que esto puede ser particularmente difícil para cualquier hombre que quiera estar con ella. Lo más difícil para Cruz era ver a la mujer que amaba tan profundamente haciendo escenas de amor con actores guapos y poderosos. López le dijo a la revista *Latina*, "Le era difícil. A veces se sintió inseguro porque hacía escenas de amor con hombres poderosos y con mucho dinero. Pero es mi trabajo hacer ver que ese galán es el único hombre en mi vida, y trato de hacer eso. Escenas de amor son solamente contactos físicos. ¿No es eso lo que los hombres le han dicho a las mujeres por años? Pues, es como la actuación, ¿OK?'' Su talento como actriz en estas escenas de amor, sin embargo, fue demasiado para Cruz, demasiado creíbles, y sin duda contribuyeron a su ruptura.

Poco después de la ruptura de López y Cruz, pensaba que había encontrado el hombre que aceptaría el tipo de vida que vive, y ese hombre fue el cubano Ojani Noa. Noa estaba trabajando como mesero en Larios, el restaurante de Gloria Estefan en Miami, y un lugar que López frecuentaba.

López se enamoró del aspirante a modelo y hombre de negocios y un año después se casó con él. La propuesta de matrimonio de Noa sorprendió a todos, incluyendo a López. En la fiesta para celebrar el fin del rodaje de *Selena*, López estaba bailando con Noa cuando él cogió el micrófono, se arrodilló y le propuso matrimonio allí mismo en la pista de baile, delante de todos en la fiesta. Noa sacó un anillo de su bolsillo con gigantescos diamantes, provocando todavía más sorpresa y felicidad por parte de López. Llorando y, se dice, con los espectadores gritándole ''piensalo'', López dijo sí.

Los enamorados se casaron frente a más de doscientos de sus amigos y familiares. Pero parece que la carrera de López se puso en el medio de su felicidad y vida amorosa una vez más. Sólo meses después de su matrimonio con Noa se oía rumores de que había problemas y fricciónes entre los recién casados y que una separación era inminente. López rechazaba los rumores, diciendo que su matrimonio con Noa estaba todavía intacto. El matrimonio terminó en divorcio, y sólo un año después de casarse. La razón parece ser clara: la carrera de López fue la culpable. López le dijo a *Cristina* la revista en julio de 1998, ''Muchos me criticaron por casarme tan de prisa. Es duro para un hombre tan macho, aceptar que su esposa gana más dinero, y que viste trajes provocativos, y que hace escenas de amor en las películas''. Tan difícil, de hecho, que hizo su relación imposible. En una entrevista con la revista *Alerta*, Noa dijo que López le dijo que la relación tenía que terminar porque ella quería dedicarse totalmente a su carrera, y para eso necesitaba tener una tranquilidad que le permitiría desarollar como actriz. Noa no la culpa por querer dedicarse a su carerra, en realidad los dos se han hecho buenos amigos desde entonces. Gracias a la fama de López, Noa logró convertirse en modelo profesional y hasta se ha metido en el mundo de los negocios. El maneja el Conga Room, un restaurante y club latino en Los Angeles, del cual López es codueña con Jimmy Smits y Paul Rodríguez. Pero una vez más, su creciente popularidad se entremetió cuando intentaba encontrar una verdadera felicidad en su vida personal.

A pesar de la dificultad de hacer mezclar su carrera y su vida personal, Jennifer López no pierde las esperanzas. Sabe que un día encontrará el hombre para ella, en el momento oportuno de su carrera. Le gustan los hombres fuertes, seguros de sí mismos, y "un poco tenaz, pero con buen corazón." Así es como lo resume en una entrevista que dio a la revista *Manhattan File*. También sabe lo que no le gusta en un hombre, y ha tenido que tratarse con ellos unas cuantas veces, es el tipo indeseable que intenta aprovechar de ella. López tiene una formula para quitarse de encima ese tipo de hombre. "dale el *shut-down vibe*, la onda de 'no-estoy-interesada'. Necesitas emitir un mensaje que diga 'vete'".

Tiene paciencia en cuanto a los hombres y no hace cosas sin pensar. Pero una vez que pierda la paciencia no pierde tiempo en salirse de la relación. Declaró a la revista *Details* que no tolera a ningún tipo que no la trate bien. López se sale rápidamente de este tipo de relación, algo que se puede permitir fácilmente debido a su tremendo atractivo y popularidad.

Aunque la fascinante López ha tenido que usar su "vete" a menudo, su lista de admiradores continúa creciendo de igual forma que la lista de hombres con los que se le ha vinculado. Se la ha relacionado, entre otros, con Tommy Mottola, el ex de Mariah Carey y Presidente y Gerente de Sony Music Entertainment, la firma detrás del primer disco de López. También se le ha vinculado a Marc Anthony en cuyo video musical "No me ames" aparece López. También se ha dicho que corre con Joaquín Cortez, el bailarín de flamenco que antes salía con la supermodelo Naomi Campbell. Pero estos rumores no han sido confirmados y López los niega sin rodeos.

Jennifer López también ha sido vista en público—muy afectuosamente—con el magnate musical Sean "Puffy" Combs, también conocido como "Puff Daddy". El titán de la música *hip-hop* convertido en productor discográfico tiene su propia marca de discos, Bad Boy, principalmente de música *hip-hop* aunque también tiene algunos artistas de *rhythm and blues*, como Room 112. Como si sus éxitos discográficos y próspera marca discográfica no fueran suficientes, Puff Daddy pronto entrará en el mundo del cine. Ha firmado un acuerdo con la productora Dimension Films para crear su propia productora cinematográfica que se llamará, al igual de su empresa discográfica, Bad Boy Films.

Si la unión de Jennifer López y de Puff Daddy es verdadera, no es difícil entender su mutua atracción. Ambos son ambiciosos, tienen determinación y están deseosos de extenderse a otras áreas del mundo del espectáculo. A López y Puff Daddy se les ha visto juntos en varias ciudades y en diversos eventos. En la zona de South Beach de Miami, se les vio juntos—e íntimos—muchas veces. De acuerdo con una fuente, "Estaba uno encima del otro sin importarles quien les veía". La relación es bien conocida dentro del mundo de la música y empezó hace ya algún tiempo.

Jennifer López todavía tiene que corroborar que los rumores de ella y Puff Daddy son verdaderos, pero sus esfuerzos por desmentir la relación no convencen a nadie. Acepta que tiene una gran amistad con Puff Daddy pero no admite que sea una relación romántica. Cuando la revista *Details* le preguntó acerca de su relación con Puff Daddy, Jennifer la negó, aunque el reportero señala que su respuesta no fue muy convincente.

Habrá que esperar para ver si la unión entre López y Puff Daddy sea una realidad, y también para ver si López puede encontrar una relación que le permita la libertad que necesita para crecer como actriz. Pero sí, López aprendió algo bien importante con su matrimonio con Noa: "Mi vida personal tiene que permancer así, personal". Siente que algunas cosas deben de quedar sagradas y una de esas cosas es su vida personal. Continúa siendo una "buscadora de amor", como le dijo a la revista *Mirabella* en junio de 1998, pero todo tiene que ser bajo sus términos y a su tiempo.

Mientras tanto, Jennifer López pasa el poco tiempo libre que tiene haciendo las cosas que más le gusta. Una de ellas es ir de compras—especialmente para ropa fina de diseñadores como Valentino y Prada, y zapatos de tacón alto. Además de eso, le encanta ir a la playa y sentir el aire fresco del mar en su cara. Pues mientras espera ese momento en que encontrará el amor (¡O cuando decida en qué momento será!), López está disfrutando de los beneficios de ser estrella de Hollywood, disfrutando cada momento.

VII

Cuerpo, Belleza, y Fe
En Si Misma

"Me crié viendo las verdaderas divas del cine como Ava Gardner, Rita Hayworth, Marilyn Monroe . . . soñaba con ser tan glamorosa como ellas'', recuerda la actriz puertorriqueña, y parece que su sueño se ha hecho realidad. La actriz de 5'6" ha cautivado a Hollywood con su belleza sensacional y su estilo original y único. Ella fue escogida como una de las cincuenta personas más bellas según la revista *People*, y está adornando las portadas de las revistas por todos lados, incluyendo *Vanity Fair* en abril de 1998, en su edición dedicada a Hollywood. También apareció en la portada de *Shape* en agosto de 1998, y en la de *Details* en noviembre de 1998.

"Ella tiene un glamor tremendo, lo cual no he visto en una actriz en muchos años,'' dijo el co-protagonista de *Selena*, Edward James Olmos. Esto no pasa sin ser notado, ya que las revistas, las compañías de cosméticos y los grandes empresas quieren usar la cara de López para promover sus productos.

La belleza natural de Jennifer y su sensualidad se vuelven todavía más poderosas por su actitud, la cual es de aceptar quién es y cómo se ve. Ella está completamente cómoda con sí misma y con su cuerpo, y eso es obvio en la pantalla y fuera de ella. Más de una vez ha tenido que sufrir comentarios sobre la forma de su cuerpo, pero está cómoda con quién es y cómo se ve, y no se molesta en lo más mínimo por esto. Ella le dijo a la revista *Shape*, "Fui criada en el Bronx, donde había puertorriqueños, afroamericanos, italianos, y asiáticos. Había tanta diversidad de belleza. No crecí con la idea de que ser flaca, tu sabes, tamaño 2, fuera bueno. Las mujeres en mi barrio eran voluptuosas''.

En varias ocasiones, directores han discutido cómo esconder el trasero de López en ciertas escenas o cortes. Los directores de guardarropas en sus filmes, también, han mencionado su trasero, preguntándose cómo esconder su rasgo más notable. No hay ningún término que defina la forma o el tamaño ''ideal'' del cuerpo, y López está orgullosa de suyo. De hecho, le parece ridículo la idea de que hay gente en Hollywood que la considera gorda por tener las nalgas grandes. Le dijo a *Mr. Showbiz,* ''Si tú ves las películas en las que he salido, podrás ver cómo es mi figura. No es como si pudiera esconderla. Pero cuando estoy con el diseñador del vestuario, ellos están pensando, 'vamos a ver, así se ve las caderas, tiene el trasero muy grande, ¿qué podemos hacer?' Siempre están tratando de disminuir—así se dice—y es por esa razón que vemos a todas esas actrices que son tan flacas y blancas. Las latinas tenemos un tipo de cuerpo. Hasta las flacas tenemos curvas. ¡Siempre tengo problemas con la gente del vestuario!'' De hecho, López se siente totalmente diferente en cuanto a su cuerpo. No se avergüenza de no conformar al estereotipo de Hollywood en términos de la imagen del cuerpo; ella coge cualquier oportunidad para acentuar su cuerpo. Lo hace para el deleite de sus fans que la adoran, que quieren ver a la sexy López en algun vestido que siga sus curvas. La figura de López no parece ser lo negativo que muchos tipos de Hollywood han tratado de implicar, sino que es una razón más para ver a esta perla en acción.

La aparición de López en la ceremonia de los Academy Awards en el 98 todavía está presente entre su público. El camarógrafo quería la toma de López de átras cuando estaba presentando el premio. No lo hizo con ningun otro presentador. El año anterior pasó lo mismo: la enfocaron de espalda todo el tiempo que estaba en el escenario. Pero no parece molestarle a López, si se juzga por la ropa ajustada que lleva, ropa que continúa a llamar la atención de todos.

Hollywood parece encantada con esta nueva apariencia sexy y voluptuosa, una apariencia particularmente latino, que ha sido pasado por alto durante mucho tiempo. Y López está haciendo su parte en defender su cultura por no dejarse llevar por esos viejos estereotipos que la llevaría a alguna loca dieta para forzar a su cuerpo conformarse a la imagen que ha dominado la industria durante tanto tiempo. La confianza de Jennifer López es un respiro de aire fresco para Hollywood. Está mostrando que la belleza no solamente quiere decir flaca y blanca. Está trayendo de nuevo el sentido de glamor que antes dominaba en Hollywood en los días de Gardner, Hayworth y Monroe, cuando ser bella y glamorosa no quería decir estar lo más flaca posible. La latina más bella de Hollywood ha comprobado que ser latina, y ser orgullosa de quien es— de dónde viene, y de la figura con que fue regalada, la hagan todavía más bella y atractiva que la imagen típica con la cual hemos vivido durante tanto tiempo. Está sana, mental y físicamente, y eso es lo que importa.

Pocos pueden negar que Jennifer dé una impresión fuerte, si usa un tamaño 2 o no. Pero como muchas personas, tiene que cuidarse con lo que come y tiene que mantener un régimen de ejercicios para poder quedarse en forma y mantener su salud. Ella le dijo a *Shape*, "claro que tengo que cuidar lo que como. Y las actividades que hago dependen de la temporada. Había un tiempo cuando estaba bien dedicada al 'kickboxing'. Otros tiempos es correr. Luego hay otros momentos en que me gustan las pesas. No creo que tienes que matarte para mantenerte en forma".

Jennifer es bastante fiel en cuanto hacer ejercicios, sin embargo, y trata de hacerlos cuatro veces a la semana. Pero no se obsesiona por ser igual de flaca que las otras actrices de Hollywood. Su saludable actitud es una buena lección para muchas muchachas que se encuentran envueltas en el intento de mantener la imagen del cuerpo "perfecto", y que pasan años infelices. Aunque no todas podemos lucir como López, podemos aprender cómo ser más bonitas creyendo en nosotras mismas y aceptando la forma que tenemos. Está funcionando maravillosamente para López.

El sentido de moda de López no hace nada para distraer de su ya bella figura y su belleza caliente. Ella selecciona estilos que intensifican su cuerpo latino y se los pone orgullosamente, si no seductivamente. Ella es una fanática admitida de diseñadores como Valentino, Prada y Halston. También le gusta Badgley Mischka y Dolce & Gabbana. Tiene el lujo que pocos de nosotros conocemos: la oportunidad de tener la ropa que quiere cuando la quiere. Como la latina más sexy y más buscada de Hollywood, los diseñadores se mueren por vestirla. Cuando Jennifer López usa su ropa, la gente la nota, y eso es lo que los diseñadores desean. Aunque esta ropa hace que López luce todavía más bella de lo habitual, lo que la hace tan sensacional es la combinación de su belleza, el sentido de autoconfianza acerca de su cuerpo y la fe en quién es—alguien bien única y bien refrescante.

VIII

Jennifer Lopez–
Un Modelo a Seguir Donde
Antes No Lo Había

Jennifer López nunca se considera una actriz latina—es una actriz y punto. Su meta es desempeñar papeles buenos e interesantes. Para López, el tema de la raza nunca figura como algo importante. Quizás esta actitud y confianza en sí misma sean, en parte, responsables de la facilidad con que ha roto ciertas barreras étnicas en Hollywood. Se siente bien afortunada cada vez que va a un audición y consigue un papel que no fuera escrita para una actriz latina.

Pero se trataba, y se trata, de algo más allá de la suerte. López tiene una habilidad para hacer que otros la vean de una forma no-étnica. Está tan cómoda con sí misma y es una actriz tan talentosa, que viéndola en la pantalla uno no la ve como una latina sino como una bella y talentosa actriz. Pero a pesar de su éxito donde otras latinas han fallado, López está consciente del problema de los estereotipos que existen en la industria. Ella ha sido escogida para roles específicamente escritas para latinas pero Jennifer no lo considera un problema de estereotipos porque, después de todo, ella es puertorriqueña y orgullosa de serla. Pero la batalla de convencer a los directores que pueda desempeñar papeles que no sean específicamente escritas para latinas, es una que vale la pena luchar, y en esto López ha logrado muchos avances para su comunidad como ninguno antes de ella. La meta de López como actriz era hacer cualquier tipo de personaje, no sólo una variedad de emociones, sino de razas también. Y esto es precisamente lo que López ha logrado. Ha logrado conseguir papeles que no fueron escritos para actrices latinas como ninguna otra actriz latina pudo hacer antes de ella, y ha estado interpretando una diversidad de personajes, presentando una gran diversidad de emociones y personalidades.

López atribuye su éxito a la hora de vencer los estereotipos de Hollywood que han existido por tanto tiempo a su dedicación, su trabajo, y su confianza en sus habilidades como actriz. En una entrevista con *¡Qué Linda!* ella resume su éxito así: "He sido bien afortunada porque te consideran para los papeles latinos al principio. Pero después, las opciones se abren y ellos saben que puedo ocuparme de diferentes cosas que no tiene nada que ver con ser latina." Los avances que ha logrado para la comunidad sólo están empezando. Está abriendo el camino para otros latinos y los está desafiando que la sigan. Sus consejos para otros latinos es que se olviden del estereotipo del latino, que crean en sí mismos y que no se den por vencidos. "Sí te estereotipan. Haciendo papeles de prostitutas y de vendedores de drogas, eso está mal. Sólo ahora empezamos a conseguir papeles diferentes que no son tan negativos. Pues ya no importa tanto. ¡Eso es fabuloso!" Su optimismo debe servir de inspiración para otros latinos.

Jennifer López entiende que su estrellato conlleva varias responsabilidades, las más importantes de estas son las de servir a su comunidad. Está consciente de que está bajo la mirada del mundo, y quiere ser un buen ejemplo para la gente latina, el buen modelo de conducta que sin duda es. Esto no es una responsabilidad que López tome como un capricho. Haberse criado en un mundo donde no habían actrices con la cual podía indentificarse, López sabe la importancia de su nuevo papel. La única actriz con quien recuerda indentificarse era Rita Moreno, a quien amaba en *West Side Story*. Aparte de ese recuerdo, López no tenía a nadie a quien modelar su vida y sus sueños.

Ahora López sirve de modelo para todos los jóvenes latinos que quieren andar a la búsqueda sus sueños. Ella es un ejemplo de que el trabajo duro sí merece la pena. Actualmente, López es la latina mejor pagada en Hollywood, y está bien orgullosa de este logro. "Siento que los latinos han sido mal pagados por demasiado tiempo", dijo en una entrevista con *Los Angeles Daily News*. "Así que sí es verdad, pues estoy feliz. Especialmente en la industria que llamamos *show business*, si puedo ayudar a la comunidad latina en cualquier forma, me siento orgullosa de tener la oportunidad".

Su dedicación a su comunidad y su orgullo de su herencia puertorriqueña son bien visibles en López, una persona tan viva. Le encanta la admiración que ha despertado en el público hispano. Le dijo a *Vista*, "Creo que estoy siendo más y más conocida y a mí también me complace que el público me reconozca como una actriz latina, porque ven que estoy haciendo un buen trabajo y la comunidad hispana me considera como una de ellos. A mí eso me gusta. Es algo bueno". Asi que como López continúa a seducir a Hollywood con su belleza, talento y encanto, continúa creyendo que con una fuerte fe en si mismo uno puede ir a dónde quiera. Ella admite que las latinas son sexy por lo general, y por eso son mejores para los papeles más sensuales. Pero López no se preocupa por tener que pasar su carrera haciendo exclusivamente los papeles de las seductoras. " No estoy preocupada por los estereotipos", dice. "Sexy no es todo lo que soy".

IX

Los Secretos del Exito
de Jennifer

A la edad de ventinueve años, Jennifer López ya tiene una
carrera que es la envidia de la mayoría de actrices. Su subida
a la cima ha incluido trabajos con algunos de los galanes más
sexy y algunos de los directores más destacados de Hollywood. Su cara hermosa está embelleciendo las portadas de
revistas. Y también podemos encontrarla promocionando algunos de nuestros más conocidos productos. Y sabe que tiene
algo bueno aquí. Está asombrada cuando piensa en las estrellas
con quien ha trabajado—Jack Nicholson, Francis Ford Coppola, Sean Penn. En una entrevista con *¡Qué Linda!* hasta dijo,
'' Cualquier actriz mataría por estar en mi posición. Yo mataría por esta posición si no la tuviera''.

No fue pura suerte ni sólo buena oportunidad que haya
colocado a López en el centro de *Tinseltown*. Ella misma es
la responsable de sus triunfos, los cuales han venido después
de muchos años de duro tabajo. Su espiritu competitivo es bien
conocido. Ella no es ingenua de ninguna manera, y si quiere
algo, suele conseguirlo. Su determinación y su predisposición
ambiciosa han sido las claves detrás de su éxito en un mundo
que ha sido casi completamente cerrado a los actores latinos.
No duda en describirse como ambiciosa y confidente y esto
es evidente al momento de conocerla por primera vez. Su fam-
iliaridad con todos a su alrededor todo el tiempo es asombroso,
sobre todo, cuando se piensa en cuán poco tiempo lleva como
estrella. Un ejemplo de esto es cuando López presentó un Oscar en la ceremonia de los Academy Awards, era una de las
actrices más jovenes pero se comportó como si perteneciera
allí. Ella radia tanta confianza que convence hasta los actores
más veteranos de que sí, ella pertenece allí. Después de la
ceremonia de los Oscar, estuvo con actores como Alec Bald-

win, Robert De Niro, Whoopi Goldberg, Sharon Stone, Warren Beatty y Jack Nicholson. Ella recuerda, "Cuando primero entré, salí en seguida, estaba como, 'ay Dios mio, eso sí es un *cuarto*'. Me compuse, y entré de nuevo". Superó ese fugaz momento de intimidación, igual como ha superado tantos otros obstáculos para llegar a donde está hoy.

Había sólo una forma en que Jennifer López pudiera llegar a donde quería ir: la competencia, siendo agresiva, persistente, y creyendo que podría hacer todo lo que quería hacer, y compitiendo contra los mejores. También era importante que López aprendiera que no podía dejar que los inevitables rechazos dañaran su determinación y motivación. Para López, todo se trataba de "presentarse a las audiciones de los papeles que te interesen y olvidarte de las veces que no te eligen. Así es como se consiguen buenos papeles". López lo llama "actuando con lógica".

Es precisamente la confianza agresiva en sí misma y la determinación que tiene Jennifer López lo que ha llevado a algunos a interpretarla mal. López ha tenido que luchar contra esto, mostrando cómo realmente es y defendiendo sus palabras. La espontaneidad y la confianza de López fueron captadas en una entrevista en febrero de 1997 de la edición de la revista *Movieline*. En lo que ya es una entrevista famosa, López habla abierta y honestamente sobre algunas de sus compañeras de Hollywood y a raíz de esta, la prensa la tachó de "difícil". Concretamente cuando se le preguntó sobre Gwyneth Paltrow, López respondió, "Te lo juro por Dios, no recuerdo nada que haya hecho". Sobre Winona Ryder, López manifestó, "Nunca he oído ni al público ni a ninguno de mis amigos decir, 'Ay, me encanta'". Y cuando le preguntaron su opinión sobre Cameron Díaz su respuesta fue, "Una modelo con suerte a quien se le ha brindado muchas oportunidades".

La secuela de esta entrevista fue muy desagradable para López. No tenía la intención de criticar a sus compañeras y piensa que fue mal interpretada. López estaba expresándose honesta y espontáneamente y de ninguna manera quería dar a entender que estas actrices no tuvieran talento. Escribió cartas de disculpa a todas en las cuales se explicó y se confesó de que había perdido mucho sueño por el incidente, un incidente que la llevó a ser mal y injustamente caracterizada.

López reconoce que probablemente fueran su ambición y confianza en sí misma las que causaron esta situación, pero son precisamente esas cualidades las que la han llevado a donde hoy está en Hollywood. Pero le molestó la insinuación del artículo en *Movieline* de que no era una persona amable. López ha luchado durante muchos años para lograr el estrellato de Hollywood, y su forma de ser sincera consiste de ese impulso y determinación de ser la mejor en todo lo que hace. López ha aprendido la amarga lección de que el éxito no viene fácilmente—es algo por lo que hay que luchar. Mientras espera que su imagen no sufra, sigue adelante sin vacilar, persiguiendo metas todavía más grandes.

Mientras López sigue pinchándose para estar segura de que lo que le está pasando no es un sueño, continúa moviéndose a todo dar con la misma ambición y perseverancia que han sido responsables del éxito que disfruta hoy en día. Es precisamente esta fe—de que puede hacer todo lo que ponga en su mente, ir a donde quiera, competir con cualquiera de las actrices más bellas y talentosas y no ser limitada por ser latina—que la separa de las demás. Ella es un modelo ideal no solamente para las latinas sino también para todas las mujeres—evidencia de que la determinación y la confianza en uno mismo verdaderamente hace una diferencia—evidencia de que los sueños sí se hacen realidad.

"Siempre estoy diciendo, 'Que día más bello, Mira al cielo! Huele el aire! No lo puedes dar por supuesto.'" Jennifer López no está dando nada por supuesto. Está gozando su celebridad y planea hacer pasos todavía más grandes en el futuro no muy lejano, tanto en el terreno personal como para la comunidad latina. López ha dejado una marca duradera en Hollywood—cambiando la forma en que las actrices latinas son vistas y al hacer eso, está cambiando la forma en que el mundo las ve también. Su mezcla única de belleza, talento, determinación, y confianza la han hecho el "producto" más popular de la industria de películas, y muy pronto será verdad en la industria musical también. Es buena, yo lo sabe. No duda cuando le dice a *Vida sábado*, "Soy la mejor. Siento que puedo hacer cualquier cosa, cualquier clase de papel. No le tengo miedo a nadie".

¿Un poco arrogante? Posiblemente. Pero ¿quién la puede culpar por sentirse así cuando esa actitud ha sido lo que le ha llevado a la cima de una de las industrias más difíciles que hay. El ser latina encima de todo eso—poniendo todavía más en contra de ella—hace que su triunfo sea todavía más notable.

Ha sido muy consciente de controlar su ego. Utiliza su asistente para darle algunos chequeos de vez en cuando, para estar segura de que toda la atención y celebridad no le vaya a la cabeza, y para asegurarse de que no se vaya a volver loca. Entiende las trampas que la fama y el dinero pueden traer y mientras tenga cuidado a no dejarse llevar por su éxito, ella también sabe que no puede vivir sin él. Su actitud no cambiará solamente porque se haya vuelto famosa.

Lo que separa a Jennifer López de los demás es la confianza y la creencia en una industria que no es particularmente notada por su generosidad hacia los actores latinos. Su cultura siempre ha sido una gran fuente de orgullo para López, y continuará a liderar las causas de actores latinos mientras su carrera avanza. Ella está en una gran posición para hacerlo ahora, ya que todo Hollywood—y todo el mundo—parece estar escuchándola. Jennifer López es un soplo de aire fresco en Hollywood, un encanto en la pantalla y fuera de ella. Y más importante, es un crédito para toda su gente y su comunidad. Ella puede haber roto las barreras, pero esta cautivadora latina es precisamente eso, latina del todo. "Soy puertorriqueña y lo seré hasta el día que me muera. Cuando tengo rabia, todavía grito. Cuando algo me hiere, todavía lloro. Siempre seré latina. Esa soy yo".

X

Trivialidades

1. Jennifer es Leo, nació en julio 24, 1970.

2. La actriz Rita Moreno tuvo la influencia más fuerte de Jennifer cuando ésta estaba creciendo.

3. Le gustaría hacer el papel de Anita o María en una nueva versión de *West Side Story*.

4. Cuando era niña, Jennifer quería ser cantante y/o bailarina.

5. Cuando era joven, Jennifer admiraba la música y el estilo de Madonna.

6. A Jennifer le encanta la música latina o cualquier música con un sabor latino.

7. Hubo un tiempo en que Jennifer quiso ser una peluquera.

8. Pasó su luna de miel junto a Ojani Noa en la playa descansando y mirando las puestas del sol.

9. Jennifer López es la latina mejor pagada de Hollywood.

10. Jennifer aparece en el video de Marc Anthony para la canción ''No me ames'', hecho en México. El le devolvió el favor al ser un invitado en el álbum de Jennifer.

11. La familia López es de Ponce, Puerto Rico.

12. Lo más difícil para Jennifer cuando se mudó a Los Angeles fue tratar de quitarse el acento del Bronx.

13. Todavía se pone nerviosa cuando empieza un proyecto nuevo.

14. Sus diseñadores favoritos son: Dolce & Gabbana, Prada, Halston, Valentino, Giorgio Armani, Badgley Mischka.

15. A Jennifer le encanta ir de compras, especialmente para zapatos.

16. Una de sus metas más importantes: ganar un Oscar.

17. Jennifer es una persona romantica, y dice que cuando se enamora se vuelve "idiota".

18. "Aprendes más observando a las personas que haciéndoles preguntas", Jennifer López ha dicho.

19. "Cuando miro hacia el futuro no veo una cima que pueda alcanzar, veo un pasillo sin final", Jennifer López ha dicho.

20. Para escribir a Jennifer López la dirección es:

> United Talent Agency
> 9560 Wilshire Blvd.
> Suite 500
> Beverly Hills, California 90212
> U.S.A.

XI

Cronologia

1970

24 de julio

Jennifer López nace en el Bronx, Nueva York.

1988

Jennifer decide no ir a la universidad y seguir una carrera como bailarina. Poco después, López consigue un puesto en la gira europea de cinco meses de *Golden Musicals on Broadway*, esto le lleva a una gira de Japón con la obra *Synchronicity*.

1991

López hace las pruebas para el papel de Fly Girl en la serie cómica de la cadena Fox "In Living Color". Consigue el papel por encima de otras 2.000 candidatas en una competencia nacional.

1993

López participa en el exitoso video musical de Janet Jackson "That's the Way Love Goes".

1993-95

López participa en las siguientes series de poca duración: "South Central", "Second Chances", "Malibu Road", and "Nurses on the Line: The Crash of Flight 7".

1995

López cambia la pequeña pantalla por la grande, consiguiendo el papel de María en la película multi-generacional de Gregory Nava, *My Family/Mi Familia.*

1995

López protagoniza con Wesley Snipes y Woody Harrelson el filme de Joseph Ruben *The Money Train.*

1996

Jennifer López consigue un papel en la película de Francis Ford Coppola, *Jack.*

1997

22 de febrero

Jennifer López contrae matrimonio con el camarero cubano Ojani Noa.

1997

López interpreta el papel de la amante cubana de Jack Nicholson, Gabriella, en la película de Bob Rafelson, *Blood & Wine.*

1997

Jennifer López prueba su versatilidad como actriz en la película de aventuras *Anaconda.*
Oliver Stone elige a López para trabajar en su película *U-Turn.*

1997

López se convierte en un nombre reconocido por todos con su interpretación de la asesinada cantante Selena en *Selena.*

1998

marzo

Jennifer López es una de las presentadoras durante la ceremonia de los Oscar.

abril

López aparece en la portada de la revista *Vanity Fair*, la edición especial de Hollywood.

junio

Jennifer López y Ojani Noa se divorcian.
Jennifer López y George Clooney calientan las pantallas en la película *Out of Sight*. López irrumpe en el mundo de las promociones como portavoz de Coca-Cola y L'Oreal.

agosto

López aparece en la portada de la revista *Shape*.
López rueda un video musical con Marc Antony para su ultimo éxito "No me ames".

noviembre

Jennifer López añade una portada más a su lista de revistas, apareciendo en la portada de *Details*.

1999

junio

Sony lanza el primer disco de Jennifer López.

XII

Jennifer López en la Red

Los admiradores pueden consultar una serie de direcciones en la web para la última información sobre Jennifer López. Hay demasiadas direcciones para listarlas todas, pero las que siguen son especialmente buenas y contienen información actual e histórica. Asegúrese de navegar la Red para otras direcciones que incluyen mucha más información y muchas más imágenes de Jennifer López.

1. www.celebsite.com

Jennifer aparece en la primera página como una de las mejores estrellas femeninas. Seleccionar su nombre para información biográfica así como para créditos y entrevistas.

2. www.mrshowbiz.com

Mucha información incluyendo una filmografía, una galería de fotos, cotilleos y más.

3. www.eonline.com

Otra dirección para críticas de las películas en las que aparece Jennifer López.

4. www.hollywood.com/movietalk/celebrities/jlópez

Esta dirección contiene trozos de audio de Jennifer en los que habla de sus películas, sus compañeros de reparto, su vida amorosa, su disco y mucho más. ¡Escúchelo en sus propias palabras!

5. www.thundersearch.com/JenniferLópez/update.htm

Busque aquí las últimas entrevistas y noticias de Jennifer.

6. http://members.tripod.com/~alfonso05/index.html

Más artículos sobre Jennifer López, criticas de las películas, imágenes y otras conexiones.